초등부터 준비하는 수행평가 글쓰기 10대 전략

수행평가 글쓰기

이현주·이현옥 공저

BOOK STAR

2

머리말

"너는 왜 그렇게 공부를 싫어하니? 그러니까 공부를 못하지."

엄마가 한심한 눈으로 나를 바라봅니다. 엄마는 진짜 아무것도 모릅니다. 나는 절대로 공부를 싫어하지 않습니다. 사실 제일 잘하고 싶은 게 공부예요. 그런데 공부하는 방법을 몰라요. 잘하고 싶어도 어떻게 하는지를 모르겠다고요. 공부를 잘할 방법만 누가 알려 주면 나도 열심히 해 볼 생각이 있어요. 엄마는 방법도 안 알려 주면서 화만 내요. 정작 답답한 사람은 나인데 말이지요.

어때요? 선생님이 여러분 마음속에 들어갔다 나온 거 같지 않나요? 부모님은 여러분이 공부를 싫어한다고 생각하지만 전혀 아니잖아요. 제일 공부를 잘하고 싶은 게 여러분일 거예요. 공부를 잘해서 엄마와 선생님, 친구들에게 인정받고 싶은데 답답한 마음이죠. 걱정하지 마세요. 여러분의 이런 답답함을 해결하기 위해서 선생님이 이 책을 준비했으니까요. 무슨 수행평가 글쓰기가 공부에 도움이 될까 싶죠. 수행평가? 수업 시간에 대충 적어내던 그거잖아요. 게다가 글쓰기라니 너무 싫지요. 일기 쓰기도 고역인데 글쓰기를 책으로 연습까지 해야 한다니 하고 싶은 마음이 전혀 생기지 않을 텐데요. 선생님의 이야기를 듣고 딱 한 번만 생각해 보세요.

여러분이 공부를 잘해서 이루고 싶은 게 무엇인가요? 일단 1차 목표가 명문대에 가는 거지요. 명문대에 가는 것이 여러분의 꿈을 키울 수 있는 첫 번째 길이니까요. 명문대에 가기 위해선 무엇이 필요하죠. 시험을 잘 봐야 할 거예요. 대학 입학에는 두 가지 시험 성적이 필요해요. 학교 시험과 관련된 내신 시험과 수학능력시험이죠. 그럼 두 가지 점수를 잘 받으면 좋은 대학에 갈 수 있겠지요. 이제부터 두 시험을 잘 치르는 방법을 살펴봅시다.

수능은 매년 출제 방향에 따라 문제가 출제됩니다. 출제 방향은 매년 크게 다르지 않아요. 올해 수능 출제 방향을 살펴볼까요?

"학교에서 교육에 대해 얼마나 충실하게 학습했는지 여부를 평가하기 위해 고등교육과정의 내용과 그 수준에 맞추어 출제한다. 교육과정의 기본적인 내용, 핵심적인 내용들을 중심으로 고등교육과정의 정상화에 도움이 되도록 한다."

학교 수업에 충실하게 학습해야 한다고 쓰여 있네요. 학교 수업이 중요하군요.

이번에는 내신입니다. 내신 시험은 학교에서 치르는 정기고사와 수행평가를 통해 점수를 받아요. 내신 시험 문제는 어떻게 출제될까요? 학교 선생님이 수업 시간에 공부한 내용 안에서 시험 문제를 냅니다. 학원에 아무리 열심히 다닌다고 한들 안 돼요. 실상은 문제를 내는 학교 선생님 시간의 참여도가 더 중요한 거라고요. 수행평가는 수업하는 과정에서 어떻게 배움이 일어나는지 그 과정을 평가하는 거예요. 즉 수업에 충실히 참여하면 수행평가를 잘 치르게 되고요. 내신도 수능도 잘 치를 수 있다는 결론입니다.

이제 여러분이 허투루 여겼던 수행평가가 얼마나 중요한지 감이 오나요? 수행평가에서 핵심을 이루고 있는 것이 글쓰기예요. 글쓰기 능력은 대학뿐만 아니라 여러분 생활에 전반적으로 영향을 끼쳐요. 그렇게 싫어하는 글쓰기를 여러분은 매일 하고 있잖아요. 친구에게 메신저 대화를 할 때나 카톡을 할 때, 게임을 할 때 모두 글로 자기 생각을 표현하지요. 기왕 이렇게 여러분 일상에 많이 쓰이는 글쓰기라면 연습해서 잘하면 좋지 않겠어요.

이 책 제목이 뭐죠? 수행평가 글쓰기입니다. 수행평가 글쓰기를 잘하는 10가지 전략이 소개되어 있어요. 전략의 핵심 포인트와 연습 문제도 수록되어 있지요. 이 책으로 연습하면 한 줄로 성의 없이 써내던 수행평가 내용이 충실해질 거고요. 이게 바로 여러분이 그토록 바라는 공부 잘하는 비법이랍니다. 이 책을 믿고 따라오세요. 글쓰기 실력도 늘어날 거고 수행평가 성적도 차차 올라가게 될 거예요. 여러분이 그토록 바라는 공부 잘하는 멋진 친구가 될 방법을 알려줄 테니까 한 발 한 발 함께 내디뎌 봐요.

목차

수행평가, 교육과정의 핵심이 되다.

수행평가 완전 정복 10가지 전략

수행평가,
교육과정의 핵심이 되다.

1. 수행평가 왜 중요할까?

수행평가란 '교사가 학생들의 학습 과제 수행 및 결과를 직접 관찰하고 그 결과를 판단하는 평가'입니다. 선택형 문항에서 정답을 찾던 지필평가의 대안으로 제시된 평가입니다. 한 번의 정기고사로 학생을 평가하는 문제점을 보완하고자 생겨난 것이지요. 학습이나 수행을 하는 과정을 평가하면서 수업 과정에서 평가가 이뤄지는 점이 특징입니다. 수행평가는 단지 평가를 위한 도구로만 쓰이는 것이 아닙니다. 수업에서 평가 또한 하나의 과정으로 작용하도록 설계하는 것입니다. 지식을 배우는 것을 넘어서 실제 상황에서 그 지식을 활용하는 데 목적을 두고 있습니다. 평가 상황이 가능한 실제 상황과 유사하도록 계획합니다. 이를 통해 생활에서 지식을 활용하는 것을 돕고자 하지요. 또한, 답을 서술하거나 스스로 구성하도록 하면서 교육과정 내에서 학생의 성장을 도모합니다.

수행평가는 한 번의 평가를 지양합니다. 학생이 어떻게 발전하고 성장하는지를 보기 위해서 지속적으로 평가를 진행해요. 수업 시작부터 끝까지 여러분이 어떻게 수업에 임하고 평가에 참여하는지를 전부 평가한다고 볼 수 있습니다. 수행평가가 과정 중심 평가라 불리는 이유에요. 학습의 전 과정 중에서 학생에게 어떠한 변화와 성장이 일어나는지에 초점을 두고 평가합니다. 개인이나 소집단 활동을 통해 의사소통 능력이나 협업 능력을 측정하는 것도 특징이죠. 혼자만 살아갈 수 없는 세상에서 어떻게 협력하는지를 알려 주고 키워 주는 과정이에요. 일정 부분 한계가 있겠지만, 최대한 생활과 관련된 문제 출제를 통해 생활과 연계된 평가를 할 수 있도록 구성합니다.

수행평가에서 눈여겨 살펴볼 것이 평가 기준입니다. 학교 교육은 국가 교육과정에 의해 계획됩니다. 그 학년의 교육과정에서 꼭 달성해야 하는 성취 기준을 중심으로 평가를 하지요. 그 성취 기준을 통해서 평가를 완성합니다. 수행평가의 평가 기준은 학교 알리미를 통해 공개하게 되어 있습니다. 학교 알리미 사이트에 접속하여 수행평가 기준을 확인할 수 있습니다. '매우 잘함' 과 '잘함', '보통'의 기준을 확인해 보는 거예요. 어떻게 하면 수행평가에서 좋은 점수를 얻을 수 있는지 알게 될 것입니다. 초등 때는 수행평가가 큰 의미가 없을 수 있어요. 성적으로 중학교에 입학하는 것은 아니니까요. 하지만 평가 기준에 맞춰서 수행평가를 연습하는 것은 매우 중요합니다. 중학교, 고등학교에서는 수행평가의 중요성이 지필평가만큼 늘어나기 때문입니다. 성실하고 꾸준한 수행평가 준비를 통해 수업에 성실하게 참여하면 좋은 평가를 얻을 수 있습니다. 이러한 태도가 쌓여야 좋은 성적으로 이어질 수 있음은 당연한 이치죠. 평가에서 우위를 차지하려면 수행평가를 지금부터 연습해야 합니다. 과정 중심 평가인 수행평가가 단지 한 번의 평가가 아닌 우리 삶의 기본 태도를 키워 주는 과정임을 잊지 말아야겠습니다.

2. 수행평가의 구성

수행평가를 잘 보려면 평가가 어떻게 구성되어 있는지 알아야겠지요. 수행평가는 아래의 표처럼 다양한 형식으로 치러집니다. 용어가 어렵기는 하지만, 여러분이 모두 학교에서 여러 번 치러 봤을 겁니다. 초등학교에서는 간단히 단어를 쓰거나 짧게 서술하는 형식의 평가가 많았을 거예요. 중학교에 올라가면 서술형, 논술형의 길이도 길어지고 난이도도 높아집니다. 지금부터 짧은 논술형 평가라도 차근차근 준비해서 쓸 수 있는 글의 양을 늘려야 합니다. 글쓰기 싫고 부담스럽다는 거 알고 있어요. 그럼에도 피할 수 없는 것이 글쓰기입니다. 지금부터 조금씩 글쓰기를 연습하다 보면 실력은 보이지 않는 사이 쌓일 것입니다. 수행평가의 많은 부분을 차지하고 있는 서술형, 논술형 평가를 위해 지금부터 쉬운 내용으로 시작해 보세요. 초등 때부터 단단하게 쌓아올린 실력은 아기 돼지의 벽돌집처럼 쉽사리 무너지지 않습니다.

유 형	평 가 방 법
서술형 평가	문제의 답을 선택하는 것이 아니고 학생이 직접 기술하는 평가 방식
논술형 평가	정답이 없는 상태에서 개인의 생각이나 주장을 창의적이고 논리적이면서도 설득력 있게 작성하는 것
구술 평가	특정한 내용이나 주제에 대하여 자신의 의견이나 생각을 발표하도록 하여 준비성, 주제에 대한 이해력, 표현력, 의사소통 능력, 판단력을 평가하는 것
실기 평가	학생 스스로 행동으로 나타내거나 작품을 만들어 낸 것을 통하여 기능을 평가하는 것
실험·실습법	직접 실험·실습을 하고 나서 실험 보고서를 제출하도록 하는 것
면접법	평가자와 학생이 서로 대화를 통하여 얻고자 하는 정보나 자료를 수집하는 방법
관찰법	일화 기록법, 체크리스트법, 평정척도법 등
포트폴리오	자신이 만든 작품집을 이용하여 자신의 변화 과정이나 미래의 발전 방향을 예측하게 하는 평가 방법

3. 수행평가 선정 초등학교 목록

이 책에서 수행평가를 선정한 초등학교의 목록입니다. 성취도 평가가 이뤄졌을 때 서울에서 상위를 차지한 학교와 사립초 위주로 학교를 골랐습니다. 학교 알리미를 통해 공개된 각 학교의 수행평가 기준안을 참고했습니다. 최대한 여러분이 써 볼 수 있고 쉽게 접근할 수 있는 문제를 골랐어요. 모든 초등학교에서 배워야 할 교육 목표가 같아요. 학교마다 비슷한 성취 기준으로 평가하는 경우가 많습니다. 아래 나와 있는 학교의 수행평가를 (평가 목표가 자세하게 나와 있지 않은 학교를 제외하고) 골고루 담고자 노력했습니다. 여러분이 이 책에 제시된 서울 상위 성적을 가진 학교에 재학하고 있지 않더라도, 같은 내용으로 교육받고 있기에 반드시 도움이 될 것입니다. 상위의 성적을 가진 학교의 평가 기준에 맞춰 연습하다 보면 여러분의 실력도 상위로 급상승할 것이라 믿습니다.

2011 성취도 평가 순위	2015 국영수 성취도 상위 학교	2012 강남·서초·송파 지역 상위 학교	2012 사립초 성취도 상위 학교
청원초등학교	청원초	왕북초	계성초
중앙대학교 사범대학부속초등학교	계성초	오륜초	청원초
계성초등학교	중대부초	원명초	중대부속초
서울삼육초등학교	홍대부초	세륜초	홍대부속초
영훈초등학교	한양초	반포초	한양초
동북초등학교	경기초	대도초	경기초
매원초등학교	대광초	대치초	대광초
경기초등학교	화랑초	대곡초	화랑초
서울원명초등학교	금성초	대모초	금성초
한신초등학교	한신초	논현초	명지초
충암초등학교		서원초	한신초
운현초등학교	**강남 사립초**	대현초	우촌초
동산초등학교	경복초	잠실초	동북초
홍익대학교 사범대학부속초등학교	계성초	반원초	영훈초
서울잠실초등학교	명지초	풍성초	이대부속초
서울오륜초등학교	영훈초	도성초	선일초
화랑초등학교	리라초	잠신초	리라초
서울대곡초등학교	성동초	잠일초	성동초
금성초등학교	충암초	가원초	매원초
서울대모초등학교		버들초	상명초

수행평가 완전 정복
10가지 전략

수행평가 전략 1. 평가 기준에 맞춰 써라.

수행평가 전략 2. 수업 시간에 답이 있다.

수행평가 전략 3. 맞춤법과 어법을 지켜 써라.

수행평가 전략 4. 요약하여 주제가 드러나게 써라.

수행평가 전략 5. 주제를 좁혀 쓰되 깔끔하게 정리하라.

수행평가 전략 6. 다양한 경험을 녹여 내라.

수행평가 전략 7. 재미있는 소재로 글쓰기를 즐겁게

수행평가 전략 8. 리듬감을 살려 잘 읽히게 써라.

수행평가 전략 9. 낯설게 하기로 창의적으로 써라.

수행평가 전략 10. 미디어 읽기로 쓸거리를 늘려라.

수행평가 전략 01

평가 기준에 맞춰 써라.

수행평가를 잘하려면 가장 먼저 신경 써야 하는 것이 평가 기준입니다. 평가에서 좋은 점수를 받으려면 기준을 잘 알아야 하는 것은 기본이지요. 어떻게 평가에 임해야 하는지 기본 태도를 가르쳐 주는 것이 기준이니까요. 평가 기준이 어떻게 차이가 있는지를 분석하며 쓰다 보면 점점 기준에 맞는 글을 쓸 수 있습니다.

평가 기준은 성취 기준에서 시작합니다. 아래 경복초 과학 수행평가 문제를 확인해 보자구요.

(과학)과 수행 평가 기준안

경복초 (6)학년 (1)학기

영역명		물질		
성취 기준		산소, 이산화탄소를 실험을 통해 발생시키고 성질을 확인한 후, 각 기체의 성질을 설명할 수 있다.		
단원명		4. 식물의 구조와 기능	평가 시기	7월 2주
평가 방법		지필평가	평가 환경 대면	V
			평가 환경 ZOOM	
평가 기준		평 가 기 준		
	매우 잘함	산소와 이산화탄소를 발생시키는 방법을 알고 산소와 이산화탄소의 성질을 비교할 수 있다.		
	잘함	산소와 이산화탄소를 발생시키는 방법은 알고 있으나 산소와 이산화탄소의 성질을 비교하지 못한다.		
	보통	산소와 이산화탄소를 발생시키는 방법을 알지 못하고 산소와 이산화탄소의 성질을 비교하지 못한다.		

성취 기준이 '산소, 이산화탄소를 실험을 통해 발생시키고 성질을 확인한 후, 각 기체의 성질을 설명할 수 있다.'입니다. 이에 따른 평가 기준을 보세요.

매우 잘함	산소와 이산화탄소를 발생시키는 방법을 알고 산소와 이산화탄소의 성질을 비교할 수 있다.
잘함	산소와 이산화탄소를 발생시키는 방법은 알고 있으나 산소와 이산화탄소의 성질을 비교하지 못한다.
보통	산소와 이산화탄소를 발생시키는 방법을 알지 못하고 산소와 이산화탄소의 성질을 비교하지 못한다.

매우 잘함과 잘함, 보통의 차이를 알아낼 수 있겠나요? 평가 기준으로 볼 때 이 문제에서 알아야 할 것은 바로 산소와 이산화탄소를 발생시키는 방법입니다. 방법을 확실하게 알고 있어야 합니다. 방법을 알고 비교할 수 있으면 매우 잘함입니다. 알고 있지만 비교하지 못한다는 것은 무슨 뜻일까요? 정확하게 결과를 알지 못한다는 뜻이지요. 잘함의 평가를 받을 수 있을 것입니다. 마지막으로 방법도 알지 못하고 비교도 못 한다면요. 평가 기준을 하나도 달성하지 못한 것이므로 보통의 결과를 얻을 수밖에 없지요.

이제 학생이 실제 작성한 문제를 보고 평가 기준에 따라서 점수를 줘 볼까요? 여러분이 스스로 평가자가 되어서요. 평가를 해 보는 것은 무척 새로운 경험입니다. 내가 선생님이 되어 친구들의 글을 본다면 어떨까요? 좀 더 객관적으로 평가할 수 있을 것입니다. 이런 연습을 통해서 내 글에서 필요한 요소들을 기준에 맞게 작성하는 데 도움이 된답니다. 실제 학생의 답안지를 보고 분석해 봅시다.

(과학)과 수행평가지

학년   반   번 이름(   )

단원명	3. 여러 가지 기체	평가일	년 월 일
활동 과제			

1. 산소와 이산화탄소의 성질을 비교하여 표를 완성하시오.

	색깔	냄새	공기가 들어 있는 집기병에 향불을 넣었을 때	기타
산소	없음	없음	모름	다른 물질이 타는 것을 돕고 금속을 녹슬게 함.
이산화탄소	없음	없음	모름	물질이 타는 것을 막고 석회수를 뿌옇게 만듦.

2. 기체를 발생시키는 데 필요한 물질을 각각 두 가지씩 쓰시오.

▸ 산소: 묽은 과산화수소와 이산화망가니즈

▸ 이산화탄소: 탄산수소나트륨과 식초

3. 다음 그림은 기체 발생 장치입니다.
   기체 발생 장치를 만들어 산소를 발생시킬 때에 나타나는 현상을 두 가지 쓰시오.

가지 달린 삼각 플라스크 내부에 거품이 발생하고 수조의 ㄱ자 유리관 끝에 거품이 나옴.

답안지를 대체로 잘 채웠습니다. 빈칸 없이 채우는 것이 중요합니다. 물론 위 문제처럼 답을 정확하게 알아야 하는 문제는 채우기가 쉽지 않습니다. 되도록 곰곰이 생각해서 빈칸 없이 제출하도록 노력해보세요. 위 문제처럼 정확한 교과의 지식을 묻는 수행평가의 경우 예고를 합니다. 혹은 수업을 하고 나서 바로 수행평가를 치르기도 하지요. 수업 시간에 성실하게 수업에 참여하고 배운 내용을 복습한다면 그리 어렵지 않을 거예요. 매시간 공부한 것에 성실하게 답할 수 있는 수행평가의 가치가 여기에서 드러납니다. 이런 성실한 순간이 모여서 여러분의 실력을 높여 줍니다. 수행평가를 통해 성실한 공부 태도를 기를 수 있습니다. 과정 중심 평가인 수행평가의 이점이지요. 수행평가를 위해서라도 매시간 집중하고 복습해 두세요. 여러분의 탄탄한 공부 태도를 기르는 데 분명 도움이 될 것입니다.

두 번째 수행평가 문제는 국어의 관용 표현 활용하기입니다. 성취 기준은 관용 표현을 이해하고 적절하게 활용하는 것이네요. 평가 기준을 분석해 볼까요?

매우 잘함	관용어구나 속담과 같은 관용 표현의 개념을 다양하게 이해하고 이를 언어생활에 응용하여 적절하게 활용할 수 있다.
잘함	관용어구나 속담과 같은 관용 표현의 개념을 이해하고 이를 언어생활에 적절하게 활용할 수 있다.
보통	관용어구나 속담과 같은 관용 표현의 개념을 이해하고 이를 언어생활에 활용할 수 있다.
노력 요함	관용어구나 속담과 같은 관용 표현의 개념을 이해하지 못한다.

개념을 이해하는가가 첫 번째 평가의 척도입니다. 두 번째는 이해한 개념을 어느 정도로 활용할 수 있느냐 하는 것이지요. 예시 답안을 볼까요? 관용 표현이 어떤 뜻으로 쓰이는지를 알아야 해요. 그리고 활용 가능한 상황을 작성하게 되어 있지요. 언어생활을 하면서 적재적소에 관용 표현을 사용할 수 있어야 합니다. 학생이 작성한 답안을 볼까요?

국어 수행평가 기준안

2022학년도   경기초 6학년 2학기

단원명	2. 관용 표현을 활용해요			평가 시기	10월 3주
평가 내용	관용 표현의 의미를 알고 활용하기				
성취 기준	관용 표현을 이해하고 적절하게 활용한다.				
영 역	문법	평가 유형	서술형	대상	개인
준비물	● 필기구				
유의점	● 관용 표현을 뜻을 알고, 사용되는 상황을 잘 이해하고 있는지에 대한 평가이다. ● 사용되는 상황에 대한 설명에서는 맞춤법을 틀려도 말하고자 하는 상황이 맞으면 정답으로 인정한다.				
평 가 기 준					
매우 잘함	관용어구나 속담과 같은 관용 표현의 개념을 다양하게 이해하고 이를 언어생활에 응용하여 적절하게 활용할 수 있다.				
잘함	관용어구나 속담과 같은 관용 표현의 개념을 이해하고 이를 언어생활에 적절하게 활용할 수 있다.				
보통	관용어구나 속담과 같은 관용 표현의 개념을 이해하고 이를 언어생활에 활용할 수 있다.				
노력 요함	관용어구나 속담과 같은 관용 표현의 개념을 이해하지 못한다.				

예시 답안

1. 관용 표현의 뜻과 관용 표현을 활용하면 좋은 점을 말해 보세요.

관용 표현의 뜻	원래의 뜻과는 다른 새로운 뜻으로 굳어져 쓰는 표현
평소 관용 표현을 활용하면 좋은 점	전하고 싶은 내용을 쉽게 표현할 수 있다.

2. 다음에 제시된 관용 표현이 사용되는 상황을 설명해 보세요.

관용 표현	사용되는 상황
발이 넓다.	알고 지내는 사람들이 많을 때
간이 크다.	겁이 없고 매우 대담할 때
귀가 얇다.	남의 말을 의심 없이 쉽게 믿을 때
눈에 띄다.	두드러지게 드러날 때

3. 위에서 나온 관용 표현 외에 자신이 알고 있는 관용 표현과 사용되는 상황을 3가지 써 보세요.

관용 표현	사용되는 상황
미역국을 먹다.	시험에 떨어졌을 때
식은 죽 먹기	어떤 문제가 너무 쉬울 때
손에 익다.	어떤 일을 많이 해서 익숙해졌을 때

2.관용 표현을 활용해요

-관용 표현 활용하기-

학년   반   번 이름(   )

1. 관용 표현의 뜻과 관용 표현을 활용하면 좋은 점을 말해 보세요.

관용 표현의 뜻	그 상황이 되면 누구나 쓰는 표현
평소 관용 표현을 활용하면 좋은 점	쉽게 말을 알아들을 수 있다.

2. 다음에 제시된 관용 표현이 사용되는 상황을 설명해 보세요.

관용 표현	사용되는 상황
발이 넓다.	아는 사람이 많다
간이 크다.	간이 커서 좋다.
귀가 얇다.	귀가 얇아서 잘 흔들린다.
눈에 띄다.	잘 생겼다.

3. 위에서 나온 관용 표현 외에 자신이 알고 있는 관용 표현과 사용되는 상황을 3가지 써 보세요.

관용 표현	사용되는 상황
발 벗고 나서다.	다들 하기 싫어하는데 한 명이 용기 있게 나설 때
손이 크다.	줄 때 많이 주는 것
입을 모으다.	다 같이 의견이 일치할 때

내가 선생님이라고 생각하고 이 답변에 점수를 줘 보세요. 어떤 점수를 주었나요? 관용 표현의 뜻은 알고 있으나 뜻대로만 사용할 것 같았나요? 상황에 따라 응용은 어려울 것 같은 느낌이 들었다면 잘함이라는 점수를 줬을 거예요. 응용할 수 있을 것 같으려면 답지를 어떻게 고치면 좋을까요? 그 포인트를 생각해 보세요. 뭐라고 답을 쓰면 매우 잘함을 받을 수 있을까를 말이에요. 이것이 바로 출제자의 눈으로 문제를 보는 연습이에요. 출제자의 기준으로 문제를 볼 수 있게 되면 답안을 작성할 때 매우 잘함의 점수를 받기가 훨씬 쉬워질 거예요. 평가 기준에 맞춰서 수행평가를 하는 중요성이 이것입니다. 아무 기준도 없이 답안을 작성할 때보다 훨씬 근사한 답안을 작성할 수 있을 거예요. 조금 엉뚱하게 쓰더라도 괜찮습니다. 자신이 생각하는 부분을 잘 풀어 써보세요. 이런 문제의 경우 대략적인 뜻이 맞으면 되니까요. 성심성의껏 답지를 채우는 것이 중요하답니다.

다음은 속담을 활용하는 문제입니다. 다양한 상황에서 쓰이는 속담의 뜻을 정확하게 설명할 수 있어야 해요. 속담의 뜻을 찾아 연결하는 것은 대체로 쉬울 겁니다. 상황을 보고 속담을 찾아내기 위해서 다양한 상황에서 여러 종류의 속담을 실제로 사용해 보는 것이 도움이 되지요. 일상생활에서 스스로 속담을 쓰는 일이 많지는 않을 거예요. 어른들의 대화에서는 자주 듣게 될 겁니다. 어른들이 속담을 사용할 때 어떤 뜻으로 쓰는지를 기억해 두세요. 적재적소에 쓰이는 속담만큼 상황을 위트 있게 나타내 주는 것도 없으니까요. 속담을 배우고 이렇게 상황에 따른 속담을 유추하는 것은 무슨 의미일까요? 수행평가에서는 배우고 익힌 것을 일상생활에 적용하는 것이 최종 목표라고 했지요. 즉 속담을 배워서 일상에서 잘 활용하기 위해서 이런 수행평가도 치르는 거예요. 내가 쓸 수 있는 속담이 많아지면 위트 있는 대화와 흐름이 끊기지 않는 글을 쓰는 데 분명 도움이 된답니다.

(국어)과 수행 평가 기준안

영 역 명	문법		
성취 기준	쓰기는 절차에 따라 의미를 구성하고 표현하는 과정임을 이해하고 글을 쓴다.		
평가 내용	주제에 어울리는 속담 활용하기		
단 원 명	5. 속담을 활용해요	**평가 시기**	5월 4주
평가 방법	지필평가 단원평가	**평가 환경** 대면	V
		zoom	
평가 기준	**평 가 기 준**		
	매우 잘함	다양한 상황에서 쓰이는 속담을 찾고 그 뜻을 정확하게 설명함.	
	잘함	다양한 상황에서 쓰이는 속담을 찾고 그 뜻을 어느 정도 설명함.	
	보통	다양한 상황에서 쓰이는 속담을 찾고 그 뜻을 설명하기 어려워함.	
예시 답안	1. (1)-(ㄹ), (2)-(ㄷ), (3)-(ㄱ), (4)-(ㄴ) 2. (예) 콩 심은 데 콩 나고 팥 심은 데 팥 난다. / 모든 일은 근본에 따라 거기에 걸맞은 결과가 나타난다는 뜻으로, 자기가 뿌리고 노력한 만큼 거두게 된다는 말이다.		

(국어)과 수행평가지

학년   반   번 이름(   )

단원명	5. 속담을 활용해요	차시	3-4/8	평가일	년 월 일
과제명	다양한 상황에서 쓰이는 속담의 뜻 알기			평가자	(인)

활동 과제

1. 다음 상황과 어울리는 속담을 알맞게 연결해 봅시다.

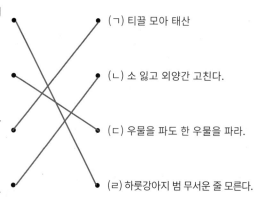

(1) 저학년 동생들이 기어코 농구 시합을 하자고 하는 상황

(2) 여러 가지 일을 하다 보니 아무것도 이룬 것이 없는 상황

(3) 용돈을 저축해 부모님 선물을 사 드려서 자랑스러웠던 상황

(4) 친구들과 안전에 주의하지 않고 놀다가 다친 후에 후회했던 상황

(ㄱ) 티끌 모아 태산

(ㄴ) 소 잃고 외양간 고친다.

(ㄷ) 우물을 파도 한 우물을 파라.

(ㄹ) 하룻강아지 범 무서운 줄 모른다.

2. 다음 상황에서 사용할 수 있는 속담과 속담의 뜻을 써 봅시다.

　　지난주에 나의 자랑 발표 대회가 있었습니다. 그런데 친구들과 놀고 싶은 마음에 말할 내용을 준비하지 않아서 더듬거리며 발표했습니다. 좀 더 노력하지 않은 제 모습에 후회가 됩니다.

(1) 속담: 콩 심은 데 콩 나고 팥 심은 데 팥 난다.

(2) 속담의 뜻: 자신이 열심히 노력하면 그 노력만큼 성과를 얻고, 노력을 안 하면 그 만큼 더 안 좋은 성과를 얻는다는 뜻

예시 답안은 속담의 뜻을 간단하지만 잘 설명해 주었어요. 일상에서 속담을 활용할 기량이 충분해 보입니다. 매우 잘함의 평가를 받을 수 있겠어요. 길게 쓰지 않더라도 괜찮아요. 자기가 생각한 것을 정확히 표현하는 것이 중요합니다. 예시 답안을 작성한 친구처럼 핵심을 찾아서 문장을 써보는 것을 연습하세요. 도움이 될 거예요. 이제 연습 문제를 통해서 평가 기준에 맞춰 답안 쓰는 연습을 본격적으로 시작해 봅시다.

1) 법의 의미와 성격 설명하기 (서울 대도초 5-1)

영역	일반사회	
단원	2. 인권 존중과 정의로운 사회	
교육과정 성취 기준	우리 생활 속에서 법이 적용되는 다양한 사례를 제시하고, 법의 의미와 성격을 설명한다.	
평가 내용 및 기준	잘함	우리 생활 속에서 법이 적용되는 사례를 통해 법의 필요성을 제시하고, 법의 의미와 성격을 설명할 수 있다.
	보통	우리 생활 속에서 법이 적용되는 사례를 바탕으로 법의 필요성을 설명할 수 있다.
	노력 요함	우리 생활 속에서 법이 적용되는 사례를 보고 법의 필요성을 제시하는 데에 어려움이 있다.
평가 방법	관찰평가, 서답형평가	

법의 의미와 성격 설명하기

1. 우리 생활 속에서 법이 적용되는 사례를 찾아 적어 보세요.

2. 위의 사례를 통해 법의 필요성을 설명해 보세요.

3. 법의 의미와 성격을 설명해 보세요.

꿀샘의 꿀팁

　이 수행평가에 답하기 위해서는 우리 생활 속에서 법이 적용되는 사례를 선별해야 해요. 아무렇게나 생각나는 대로 적지 말구요. 어떤 사례가 과연 법의 필요성과 의미, 성격을 담고 있을까 생각해 보세요. 법은 개인의 생명과 재산을 지켜 보호해 줍니다. 교통법규 등으로 사회 질서를 유지합니다. 사람들이 처벌이 두려워서 나쁜 일을 안 저지르기도 해요. 범죄 예방 효과도 있습니다. 법은 개인의 권리를 보장하고 사회 질서를 유지하는 역할을 하는 거죠. 법의 필요성을 먼저 생각해 본다면 이러한 성격을 잘 드러내 줄 수 있는 사례를 찾기 쉬워져요. 무작정 생각나는 대로 쓰는 것보다는 목표가 있는 글이 방향성이 있으니까 무작정 수행평가에 임하지 말고 문제를 읽고 결과부터 정해 두세요. 그다음 서론의 내용을 잡아 보세요. 정답에 더 가까운 글을 쓸 수 있을 거예요.

2) 인권보호 사례 및 실천 태도(청원초 5-1)

관련 단원	2. 인권 존중과 정의로운 사회
국가 수준 성취 기준	생활 속에서 인권 보장이 필요한 사례를 탐구하여 인권의 중요성을 인식하고, 인권 보호를 실천하는 태도를 기른다.
평가 내용	생활 속에서 인권 보장이 필요한 사례를 소개하고, 인권 보호를 실천하는 태도를 제시한다.
성취 수준	매우 잘함	인권 보장이 필요한 사례를 소개하며 인권 보장의 중요성을 설명하고, 생활 속에서 인권 보호를 실천할 수 있다.
	잘함	생활 속에서 인권 보장이 필요한 사례를 소개하고, 인권 보호를 실천하는 태도를 제시할 수 있다.
	보통	우리 주변의 사례를 보고 인권 침해 요인을 찾을 수 있다.
	노력 요함	인권 보장이 필요한 상황을 구별하지 못하며 인권의 중요성은 인식하지 못한다.
평가 방법	관찰평가, 서답형평가

사회 수행평가

인권보호 사례 및 실천 태도

활동 과제

1. 인권 침해가 일어난 사례를 적어 보세요.

2. 인권보장이 중요한 이유를 설명해 보세요.

_____

_____

3. 나의 생활 속에서 인권보장을 실현할 수 있는 일을 적어 보세요.

_____

_____

_____

꿀샘의 꿀팁

주변에서 인권 침해하는 것을 본 적이 있나요? 인권이라는 개념이 약하다면 그런 사례를 본 적이 없다고 생각하기 쉬워요. 하지만 우리는 뉴스에서 혹은 일상에서 자주 인권이 침해당하는 경우를 본답니다. 여러분이 침해 대상이 된 경우도 있을 거예요. 인권이란 민족, 국가, 인종 등에 상관없이 누구에게나 인정되는 보편적인 권리예요. 사람이라면 존중받아야 할 권리죠.

예를 들어 누군가 공부를 못한다고 놀리는 경우를 본 적이 있나요? 혹은 키가 작거나 뚱뚱하다고 놀릴 때도 있어요. 이런 경우 인권 침해에 해당이 됩니다. 친구끼리 장난하는 거라고 생각해서 쉽게 넘어가지만 한 사람의 인권을 무시하는 행동이 맞아요. 뉴스에 보면 아시아인 혐오 행동이나 장애인이란 이유로 함부로 대하는 경우도 있지요. 모두 인권 침해예요. 인권이 중요한 이유는 나 자신에게 해당되는 아주 중요한 권리지만 잘 인식하지 못하기 때문이에요. 나에겐 소중한 권리가 있고 그것은 반드시 지켜져야 한다는 것을 알아야 해요. 알아야 지킬 수 있는 것이 인권입니다. 지금부터라도 관심을 가져야겠지요.

평가 기준에도 그 부분이 잘 드러나 있어요. 인권 보장이 필요한 사례를 알고 인권 보장의 중요성을 설명하고 생활 속에서 인권 보호를 실천할 수 있어야 해요. 인권에 대한 깊이 있는 이해와 고민이 필요한 문제죠. 내 생활 속에 깊이 관련되어 있는 인권에 대한 문제들을 하나하나 되짚어 보고 깊이 있게 생각해 보세요. 너무 어려우면 뉴스에서 인권 침해된 사례부터 살펴보세요. 기사에 잘 드러나니 해결 방법을 찾아보면 도움이 될 거예요.

3) 미래의 계획을 묻고 답하기(경기초 5-2)

단원	12. I Will Join a Ski Camp
평가 내용	미래의 계획을 묻고 답하는 문장 쓰기
영역	쓰기
평가 방법	서답형
평가 기준	매우 잘함	알파벳 대소문자와 문장부호에 유의하며 미래의 계획을 묻고 답하는 여러 가지 문장을 정확하게 쓸 수 있다.
	잘함	알파벳 대소문자와 문장부호를 생각하며 미래의 계획을 묻고 답하는 대부분의 문장을 쓸 수 있다.
	보통	알파벳 대소문자와 문장부호를 생각하며 미래의 계획을 묻고 답하는 문장의 일부를 쓸 수 있다.
	노력 요함	주어진 낱말을 참고하여 미래의 계획을 묻고 답하는 낱말의 일부를 따라 쓸 수 있다.

영어 수행평가

미래의 계획을 묻고 답하기

※ 그림에 맞는 어구를 보기에서 골라 문장을 완성해 보세요.

보기

go to the zoo   go on a picnic   practice the piano
go to a movie   play tennis   climb a mountain

① A: What will you do tomorrow?

   B: I'll (   ).

소풍을 갈 거야 _____

28

② A: What will you do tomorrow?
　B: I'll (　　　　　　　　　　).

테니스를 칠 거야

③ A: What will you do tomorrow?
　B: I'll (　　　　　　　　　　).

등산을 할 거야

④ A: What will you do tomorrow?
　B: I'll (　　　　　　　　　　).

영화를 볼 거야

꿀샘의 꿀팁

　평가 기준에서 제시한 평가 목록이 무엇일까요? 알파벳 대소문자와 문장부호를 정확히 쓰는 거예요. 미래의 계획에 대해 정확하게 답할 수 있도록 문장 구조와 단어를 알아야 할 거예요. 이 문제의 답안이 한글로 제시되어 있으니 관련된 단어를 정확히 알아야겠죠. 질문에 답할 수 있도록 간단한 문법도 알아야 합니다. 친절하게도 예시로 답안을 제시해 주었네요. 어렵지 않게 풀 수 있겠어요. 다만 보고 쓸 때라도 철자나 대소문자를 정확하게 옮기지 않는 친구들이 있어요. 답을 다 알려 주었는데도 틀리는 경우인데요. 이런 일이 종종 있더라구요. 평가 기준이 대소문자와 문장부호를 정확하게 쓰는 거잖아요. 정확하게 보고 옮기도록 해 보세요. 초등학교 수행평가는 예시가 주어지는 경우가 많아요. 예시를 보고도 답을 다르게 옮기는 경우도 종종 있어요. 유의해서 답지를 잘 작성하도록 해 보세요. 답을 알려주다시피 제시된 문제에서 점수를 잃는다면 너무 아깝지 않겠어요? 철자를 정확하게 쓰는 것은 모든 수행평가의 기본이니까요. 특히 영어의 경우 철자가 틀리지 않도록 주의해서 작성해 보세요.

4) 북쪽 밤하늘의 대표적인 별자리 찾기(경기초 5-1)

단원	3. 태양계와 별	
평가 내용	별과 별자리의 의미를 알고 북쪽 밤하늘의 대표적인 별자리 찾기	
영역	지구와 우주	
평가 방법	서술형 평가	
평가 기준	매우 잘함	별과 별자리의 개념을 잘 알고 있으며 북쪽 밤하늘에서 볼 수 있는 대표적인 별자리를 모두 찾아 말할 수 있다.
	잘함	별과 별자리의 개념을 알고 있으며 북쪽 밤하늘에서 볼 수 있는 대표적인 별자리를 대부분 찾아 말할 수 있다.
	보통	별이나 별자리의 개념을 알고 북쪽 밤하늘에서 볼 수 있는 대표적인 별자리를 한두 개 찾을 수 있다.
	노력 요함	북쪽 밤하늘에서 볼 수 있는 대표적인 별자리를 한두 개 찾을 수 있다.

과학 수행평가

북쪽 밤하늘의 대표적인 별자리 찾기

활동 과제	
1. 별과 별자리의 뜻을 적어 보세요.	
별	
별자리	

2. 북쪽 밤하늘에서 볼 수 있는 대표적인 별자리를 적어 보세요.

_____

_____

_____

_____

_____

_____

_____

_____

_____

_____

_____

_____

_____

꿀샘의 꿀팁

　　평가 기준을 확인해 봅시다. 별과 별자리의 개념을 잘 알고 있으며 북쪽 밤하늘에서 볼 수 있는 대표적인 별자리를 모두 찾아 말할 수 있어야 해요. 별과 별자리의 뜻을 확실하게 구분해서 적어 보세요. 별은 별인데 무슨 뜻이 있을까 생각하겠지만요. 별은 '빛을 관측할 수 있는 천체 가운데 성운처럼 퍼지는 모양을 가진 천체를 제외한 모든 천체'라는 정확한 뜻이 있습니다. 별자리도 국어사전에서 '별의 위치를 정하기 위하여 밝은 별을 중심으로 천구를 몇 부분으로 나눈 것'이라고 정의되어 있어요. 짐작으로 뜻을 쓰는 것은 곤란해요. 국어사전에서 정확한 의미를 찾아 쓰는 습관을 갖도록 하세요.

　　북쪽 밤하늘의 별자리를 최대한 많이 적어 보세요. 이런 수행평가의 경우 되도록 많은 별자리를 적어야 해요. 대표 별자리를 모두 적으라고 했으니까요. 빼놓지 않고 적을 수 있도록 꼼꼼하게 작성하세요. 평가 기준에서 중요하게 생각하는 것을 놓치지 않는 습관이 중요해요. 평가자가 평가하고 싶은 내용을 담은 것이니까요. 그것에 맞춰 답을 작성할 수 있도록 최선을 다하세요.

5) 열의 이동 설명하기(경기초 5-1)

단원	2. 온도와 열
평가 내용	주위에서 열이 이동하는 예를 열의 이동으로 이해하기
영역	운동과 에너지
평가 기준	매우 잘함	액체와 고체에서의 온도가 변하는 예를 열의 이동과 관련지어 바르게 설명할 수 있다.
	잘함	액체나 고체에서의 온도가 변하는 예를 열의 이동과 관련지어 설명할 수 있다.
	보통	액체나 고체에서의 온도가 변하는 예를 한 가지 말할 수 있다.
	노력 요함	액체나 고체에서의 온도가 변하는 예를 열의 이동과 관련지어 설명하는 데 어려움이 있다.
평가 방법	서술형

과학 수행평가

열의 이동 설명하기

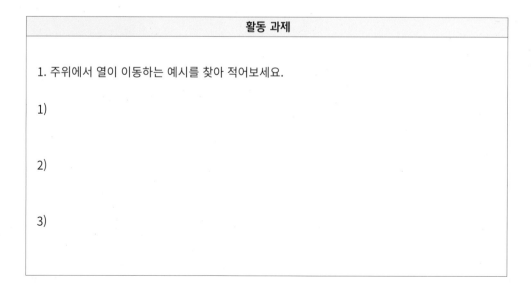

활동 과제

1. 주위에서 열이 이동하는 예시를 찾아 적어보세요.

1)

2)

3)

2. 액체나 고체에서 온도가 변하는 예를 열의 이동과 관련하여 설명해 보세요.

_____

_____

_____

_____

_____

_____

_____

_____

_____

_____

_____

_____

_____

_____

_____

_____

_____

_____

_____

_____

_____

33

꿀샘의 꿀팁

매우 잘함과 잘함의 차이가 보이나요? 액체와 고체에서의 온도가 변하는 예를 열의 이동과 관련지어 바르게 설명할 수 있는 것과 설명할 수 있는 것의 차이에요. '바르게'라는 한 단어만 차이가 나요. 바르게 설명하려면 어떻게 해야 할까요? 개념을 바르게 아는 게 중요하죠. 그래야 개념을 이용해서 예를 설명할 수 있을 테니까요. 정확한 개념을 모른다면 바른 예를 찾을 수도 없어요. 학교 수업에 충실해야 하는 이유입니다.

여러분이 수업 시간 이외에 열의 이동에 대해서 공부할 시간이 있나요? 없지요. 따로 공부하지 않을 거예요. 선생님과 수업 시간에 배운 내용이 다예요. 특히 사회나 과학은 학원을 다니거나 문제집을 푸는 친구도 많지 않으니까요. 선생님이 설명하실 때 잘 듣고 개념을 확실하게 내 것으로 만들어야 해요. 그래야 열의 이동에 관련된 예시도 바르게 찾을 수 있고요. 예시를 통해서 개념을 내 것으로 만들 수 있어요.

모든 수행평가의 기초가 수업 시간이라는 거 잊지 마세요. 수업 시간에 진행되는 모든 과정을 내 것으로 만든다는 생각으로 수업에 참여해야 해요. 모르는 부분이 있다면 쉬는 시간에 선생님께 물어서라도요. 정확하게 자기 것으로 만든다는 마음가짐을 가져요. 그런 생각과 행동들이 쌓여서 여러분의 기초 지식과 학습 태도를 확실하게 잡아 줄 거예요. 초등학교에서 준비해야 할 가장 중요한 마음가짐이랍니다.

6) 민주주의 발전 과정(서울 대도초 6-1)

영역	역사	
단원	1. 우리나라의 정치 발전	
교육과정 성취 기준	4·19 혁명, 5·18 민주화 운동, 6월 민주 항쟁 등을 통해 민주주의가 발전해 온 과정을 파악한다.	
평가 내용 및 기준	잘함	4·19 혁명, 5·18 민주화 운동, 6월 민주 항쟁 등 시민들의 노력을 중심으로 자유민주주의가 발전해 온 과정과 그 의의를 설명할 수 있다.
	보통	4·19 혁명, 5·18 민주화 운동, 6월 민주 항쟁 등 시민들의 노력을 자유민주주의가 발전해 온 과정과 관련지어 설명할 수 있다.
	노력 요함	4·19 혁명, 5·18 민주화 운동, 6월 민주 항쟁이 우리나라의 자유민주주의 발전에 영향을 주었음을 인식할 수 있다.
평가 방법	서술형평가, 관찰평가	

34

사회 수행평가

민주주의 발전 과정

활동 과제

1. 4·19 혁명에 대하여 아는 것을 적어 보세요.

	설명
일어난 장소	
일어난 이유	
역사적 의미	

2. 5·18 민주화 운동에 대하여 아는 것을 적어 보세요.

	설명
일어난 장소	
일어난 이유	
역사적 의미	

3. 6월 민주 항쟁에 대하여 아는 것을 적어 보세요.

	설명
일어난 장소	
일어난 이유	
역사적 의미	

4. 세 가지 사건 중 가장 의미가 있다고 생각하는 사건과 이유를 적어 보세요.

_____

_____

_____

_____

_____

_____

_____

_____

_____

_____

_____

_____

4·19 혁명, 5·18 민주화 운동, 6월 민주 항쟁이 언제, 어디서, 어떻게, 왜 일어났는지를 하나하나 꼼꼼히 살펴보세요. 조사하는 과정에서 그 사건들의 공통점을 찾아봐야겠죠. 바로 시민들이 스스로 자신들의 의지에 따라서 일으켰다는 점일 텐데요. 이를 통해서 자유민주주의에서 무엇이 중요한지를 생각해 볼 수 있을 거예요. 자유민주주의가 발전하는데 가장 중요한 것이 무엇인지를 알기 위해서 일련의 사건들에 대해서 조사하는 것이니까 그 사건들을 조사하면서 중요하다고 느낀 점에 대해서 서술하면 됩니다.

서술하려면 매 사건에 대해서 제대로 알아보는 것이 필요해요. 사회 과목에서 키워 주고자 하는 것이 그것입니다. 사건이나 세상을 바라보는 눈을 여러분에게 길러 주고자 하는 거죠. 스스로 사건을 조사하면서 느낀 바를 기반으로 세상을 분석할 수 있도록 도와주는 거예요. 일단 사건을 자세히 조사하고, 그에 따른 분석을 해보는 연습이 될 거예요.

아직은 상황을 판단하는 눈이 정확하지 않으니 조사하는 과정에서 알게 된 설명에 의존하게 될 가능성이 있지요. 그때 정확하고 공신력 있는 자료를 찾는 것이 중요해요. 믿을 수 있는 기관에서 내놓은 자료를 통해서 사건을 분석하세요. 생각의 기준을 잡아 주는 데 큰 역할을 하니까요. 인터넷이나 책에서 제시하는 의견에는 글쓴이의 의도가 담겨 있어요. 한쪽으로 치우친 견해일 수 있지요. 그러므로 개인 사이트에서의 열람보다는 공공기관을 통해 자료를 모으세요. 정확하게 역사를 볼 수 있는 사관을 가질 수 있으니까요. 공신력 있는 자료를 찾고 자신의 생각을 정리해 보세요.

7) 국회, 행정부, 법원의 기능(대곡초 6-1)

일반사회	1. 우리 나라의 정치 발전
교육과정 성취 기준	국회, 행정부, 법원의 기능을 이해하고, 그것이 국민 생활에 미치는 영향을 다양한 사례를 통해 탐구한다.
평가 내용 및 기준	매우 잘함	국회, 행정부, 법원의 기능을 알고, 관련된 다양한 사례를 수집하여 이를 바탕으로 국가 기관이 국민 생활에 미치는 영향을 논리적으로 설명할 수 있다.
	잘함	국회, 행정부, 법원의 기능을 알고, 그것이 국민 생활에 미치는 영향과 관련된 사례들을 수집할 수 있다.
	보통	국회, 행정부, 법원의 기능을 제시할 수 있으나 관련된 사례에 대한 수집이 미흡하다.

사회 수행평가

국회, 행정부, 법원의 기능

활동 과제

1. 국회, 행정부, 법원의 기능을 사례를 활용해 설명해 보세요.

	기능	관련 사례
국회		
행정부		
법원		

2. 위의 내용을 바탕으로 국가 기관이 국민 생활에 미치는 영향에 관하여 설명해 보세요.

_____

_____

_____

_____

_____

_____

_____

_____

꿀샘의 꿀팁

이 수행평가에서 주고자 하는 지식은 무엇인가요? 평가 기준을 보고 분석해 보세요. 첫 번째 국회, 행정부, 법원의 기능을 아는 거죠. 두 번째는 세 기관이 하는 일에 대한 다양한 사례를 찾아보는 것입니다. 마지막으로 국가기관이 국민 생활에 미치는 영향에 대하여 설명할 수 있어야 해요. 세 가지를 다 할 수 있어야 수행평가를 정확하게 치르게 됩니다.

첫 번째는 교과서에서 배웠을 거예요. 수업 시간에 사례까지도 다뤄 주었을 가능성이 큽니다. 마지막 국가기관이 국민 생활에 대해 미치는 영향에 대해서는 자신의 생각을 풀어써야 합니다. 세 기관의 하는 일과 사례를 통해서 느낀 바를 적는 것입니다. 어떤 일을 하는지 정확하게 알고 사례를 살펴보았다면 그 일을 하지 않는 사례를 살펴보는 것이 도움이 될 거예요. 정해진 룰을 지키지 않아 문제가 되는 경우를 통해서 말이죠. 제대로 적용이 안 되었을 경우에 어떤 악영향을 미치는지 쉽게 생각할 수 있으니까요.

사고를 깊게 하기 위해서는 정(正)과 반(反)의 경우를 모두 살펴볼 필요가 있어요. 제대로 된 경우와 제대로 지켜지지 않은 경우를 함께 보는 거죠. 안타깝게도 제대로 지켜지지 않은 경우가 종종 있어요. 그로 인해 미치는 악영향이 있으니까요. 이를 함께 분석해 보면 생각을 정리하는 데 도움이 될 거예요. 나만의 생각을 갖기 위해서는 다양한 관점과 시선에서 세상을 바라보는 눈이 필요하답니다. 한쪽의 주장만으로 사태를 파악하지 말고 반대의 경우도 생각해 볼 수 있음을 잊지 말고 적용해 보세요. 여러분의 생각을 정립하는 데 도움이 될 거예요.

수행평가 전략 02

수업 시간에 답이 있다.

    수행평가 두 번째 전략은 바로 수업 시간에 답이 있으니 집중하라는 거예요. 너무나도 당연하고 뻔한 말이지요. 이 뻔한 답을 잊어버리는 경우도 매우 많습니다. 수업 시간에 배우는 과정 안에서 배움이 일어나는 정도를 평가하는 것이 수행평가입니다. 과정 중심 평가라고 불리는 이유예요. 수업을 하고 나서 그 과정에서 어떤 배움이 어떻게 일어나는지를 평가하는 거죠. 하나하나 그 과정을 따라가면서 실질적으로 여러분에게 배움이 일어나도록 돕는 것이 목표예요. 평가를 위한 평가가 아닙니다.

    수행평가 문제가 다소 쉬운 이유가 바로 그거예요. 너무 어려운 고난이도의 문제보다는 수업 시간에 충분히 소화가 가능한 내용을 평가 항목으로 잡습니다. 가정과제형이 아닌 수업 시간에 참여 가능한 주제를 주는 이유도 그것이에요. 한마디로 수업 시간에 모두 해결할 수 있다는 것입니다. 관련된 사례를 찾는 문제는 물론 배경지식이 있으면 훨씬 도움이 되긴 합니다. 그런 경우는 따로 검색하는 시간을 줄 수도 있습니다. 앞으로 검색형의 수행평가가 늘어날 거예요. 오픈 북 테스트처럼 말이죠. 똑같이 검색하는 시간을 주고 정답을 찾아보는 과제를 하게 된다고 해도요. 기본적으로 개념이 잘 정립되어 있어야 가능하지요. 수업 시간에 집중해서 내용을 정확하게 알아두는 것이 가장 기본이랍니다. 학교 공부에서는 기본 태도를 지키는 것이 가장 중요해요.

    아래의 세 가지 예시를 통해서 수업 내용이 수행평가에 미치는 영향을 살펴봅시다. 첫 번째 문제는 물의 온도에 따라 용질의 녹는 양을 다르게 할 수 있음을 실험하는 문제입니다. 학교에서 관련된 실험을 할 거예요. 그 실험의 과정을 따라 가면서 정리할 수만 있어도 수행평가에서 잘함을 받을 수 있습니다. 실험의 결과를 적는 것이 수행평가의 과정 안에 포함이 되어 있어요. 간단한 실험 관찰 보고서를 작성하는 수준이에요. 수업 시간에만 집중하면 크게 어렵지 않을 거예요.

5학년 1학기 과학과 수행평가 기준안

단 원 명	4. 용해와 용액		
성취 기준	물의 온도에 따라 용질의 녹는 양이 달라짐을 실험할 수 있다.		
영 역 명	물질의 성질	평가 시기	7월 2주
평가 방법	수행평가	평가 대상	모둠
평가 내용	물의 온도에 따라 용질이 녹는 양이 달라짐을 비교하고, 온도가 용해에 영향을 주는 것을 설명하기		

평가 기준	평 가 기 준	
평가 기준	매우 잘함	물의 온도에 따라 용질이 녹는 양이 달라짐을 비교하는 실험을 설계하여 수행하고, 온도가 용해에 영향을 줌을 설명할 수 있다.
	잘함	물의 온도에 따라 용질이 녹는 양이 달라짐을 비교할 수 있다.
	보통	물의 온도가 높을 때 용질이 더 많이 녹는다는 것을 말할 수 있다.

기록 방법	번호	이름	실험 설계하기	실험 결과 분석하기	실험 결과 적용하기
	1				
	2				

답안	1. ◆ 실험에서 다르게 해야 할 조건: 물의 온도 ◆ 실험에서 같게 해야 할 조건: 물의 양, 백반 가루의 양 등 물의 온도 외 모든 것 ◆ 실험 방법: (예) 눈금 실린더로 10℃의 물과 40℃의 물을 50㎖씩 측정 해서 비커에 각각 담는다. 약숟가락을 사용해 물이 담긴 각 비커에 같은 양의 백반을 넣어 유리 막대로 저어 녹여 본다. 만약 두 비커 모두 다 녹으면 같은 양의 백반을 추가로 더 넣어 녹인다. 더 이상 백반이 녹지 않으면 실험을 멈추고 녹은 양을 비교해 본다. 2. 물의 온도가 높을수록 백반이 더 많이 용해된다. 3. (예) 코코아차를 전자레인지에 넣고 데워 코코아차의 온도를 높인다.

(과학)과 수행평가지

학년   반   번 이름(   )

단원명	4. 용해와 용액	차시	/11	평가일	년 월 일
과제명	용해에 영향을 주는 요인 찾기			평가자	(인)

활동 과제

1. 주어진 준비물을 자유롭게 활용하여 물의 온도가 달라지면 용질이 용해되는 양이 달라짐을 확인하는 실험을 설계해 봅시다.

준비물

비커, 온도계, 따뜻한 물, 차가운 물, 눈금실린더,
백반 가루, 페트리 접시, 약숟가락, 유리 막대

◆ 실험에서 다르게 해야 할 조건: 물의 온도

◆ 실험에서 같게 해야 할 조건: 백반 가루의 양, 얼마나 녹았는지를 재는 시간, 유리 막대로 젓는 수, 물의 양, 백반 가루를 넣는 시간

◆ 실험 방법:

1. 따뜻한 물과 차가운 물을 눈금실린더를 이용해 같은 양으로 비커에 담는다.

2. 따뜻한 물과 차가운 물에 백반 가루를 약숟가락으로 동시에 넣는다.

3. 유리 막대를 사용하여 10번 저어 준다.

4. 따뜻한 물과 차가운 물에서 백반 가루가 녹는 시간을 잰다.

5. 따뜻한 물과 차가운 물 중에 어떤 게 백반 가루를 빨리 녹이는지 관찰한다.

2. 위와 같은 방법으로 실험을 했을 때, 물이 온도에 따라 백반이 용해되는 양은 어떻게 되는지 설명해 봅시다.

물의 온도가 높을수록 백반이 더 많이 녹는다.

3. 실험을 통해 얻은 결과를 바탕으로 다음 상황에서 발생한 문제를 해결할 방법을 제시해 봅시다.

의건이는 학교에 다녀와서 코코아차를 한 잔 타서 마시려고 했습니다. 달콤한 맛을 좋아하는 의건이는 코코아 가루를 듬뿍 넣어서 열심히 숟가락으로 휘저었지만, 바닥에 남은 코코아 가루가 없어지지 않았습니다. 이 상황에서 물을 더 넣지 않고 코코아 가루를 모두 녹이려면 어떻게 해야 할까요?

코코아가 담긴 컵을 전자레인지에 넣고 돌린다.

예시 답지를 보세요. 설명한 것처럼 수업 시간에 했던 실험을 그대로 따라 적었지요. 자기만의 생각을 더하거나 하지는 않았지만 훌륭한 답지가 되었어요. 이렇게 수업 시간에 잘 참여하고 성의껏 답을 적는 것만으로도 충분하답니다.

두 번째 문제는 수학 수행평가예요. 수업 시간에 배운 대응 관계를 간단한 문제를 통해 정리하는 수행평가입니다. 이런 수행평가는 보통이나 노력 요함을 받을 이유가 없습니다. 수업 시간에 배운 대응 관계의 개념을 알고 있는 것만으로도 충분하니까 '수행평가는 어렵다. 귀찮다.'라는 생각부터 바꾸어야 해요. 수업 시간에 배운 것을 얼마나 잘 이해했는지가 가장 중요해요. 그것을 응용해서 문제를 풀 수 있는지를 평가하는 거니까요. 부담을 갖기 전에 수업 시간에 먼저 집중해 보세요. 잘 모를 때는 질문해서 꼭 알고 넘어가세요. 수행평가도 어렵지 않게 치를 수 있을 거예요.

(수학)과 수행 평가 기준안

단 원 명	3. 규칙과 대응		
평가 과제	두 양 사이의 대응 관계를 알 수 있다.		
평가 영역	규칙성	평가 유형	지필평가, 서술평가
평가 시기		평가 대상	개인
준비물	● 평가지, 모양 조각(패턴 블록) ● 필기구		
평가 관점	● 두 양 사이의 대응 관계를 파악하고 말할 수 있는가?		
평가 기준	**평 가 기 준**		
	매우 잘함	두 양 사이의 대응 관계를 정확히 파악하여 문제를 해결하고 대응 관계를 말할 수 있다. (모두 맞음)	
	잘함	두 양 사이의 대응 관계를 파악하여 문제를 해결할 수 있다. (3개 맞음)	
	보통	두 양 사이의 대응 관계를 파악했으나 문제를 해결하는 데 미숙하다. (2개 맞음)	
	노력 요함	두 양 사이의 대응 관계를 파악하지 못하여 문제를 해결하지 못한다. (1개 이하 맞음)	
평가상의 유의점	● 두 양 사이의 대응 관계를 말할 때에는 되도록 두 양을 모두 언급할 수 있도록 지도한다. ● 어느 양을 기준으로 보는지에 따라 두 양 사이의 대응 관계를 다르게 말할 수 있다는 점에 유의한다.		
예시 답안	1. 2. (1) 30　(2) 60 3. 30개 4. 예) 삼각형의 수를 3배 하면 사각형의 수와 같습니다.		

경복초 5-1. 수학과 수행평가지

코드번호: 이름:

단원명	3. 규칙과 대응		차시	2~3/7
과제명	두 양 사이의 관계 알아보기			
활동 과제				

※ 도형의 배열을 보고 물음에 답하세요. (1~4)

1. 위에 빈칸에 다음에 이어질 모양을 그려 보세요.

2. 삼각형의 수와 사각형의 수 사이의 관계를 생각하여 □안에 알맞은 수를 써넣으세요.
   (1) 삼각형이 10개일 때 필요한 사각형의 수는 ☐30☐ 개입니다.
   (2) 삼각형이 20개일 때 필요한 사각형의 수는 ☐60☐ 개입니다.

3. 사각형이 90개일 때 삼각형은 몇개 필요할까요?
   (30개   )

4. 삼각형의 수와 사각형의 수 사이의 대응 관계를 써 보세요.

   삼각형이 1개씩 늘어날수록 사각형은 3개씩 늘어난다.

답지를 작성할 때 또박또박 바른 글씨체로 정확하게 적어 보세요. 알아볼 수 있도록 최대한 정성스럽게 글씨를 쓰면 좋겠어요. '보기 좋은 떡이 먹기도 좋다.'라고 하잖아요. 정성껏 쓰고 수업 내용에 집중해서 적은 답지는 좋은 결과를 받을 수밖에 없지요.

마지막 사회과 문제는 우리 국토의 시·도 단위 행정 구역 및 주요 도시의 위치를 지도에 나타내기입니다. 수업 시간에 시도 단위 및 행정구역과 주요 도시의 위치에 대하여 배우잖아요. 답을 다 알려주고 평가하는 문제예요. 한 번에 모든 행정 도시를 외울 수 없는 점을 감안하여 《사회과 부도》를 활용하라고 했습니다. 매우 잘함을 주고자 설계된 문제라고 보여집니다. 꼼꼼하게 《사회과 부도》를 보고 행정구역을 써 보면 됩니다.

이 평가의 목표는 평가를 통해 성적의 줄세우기를 하려는 것이 아닙니다. 여러분이 수업 시간에 배우는 행정구역을 더 잘 알았으면 하는 것이 목표입니다. 수행평가의 목적이 바로 그거예요. 수업 시간에 배움이 일어나도록 하는 것이죠. 그 배움이 일상생활에서 더 잘 활용될 수 있도록 말이에요. 평가라고 너무 긴장하지 말고 배운 내용을 차분히 정리한다는 생각으로 써 보세요. 크게 어렵지 않을 거예요.

사회 수행평가 기준안

2022학년도   5학년 1학기

단원명	4. 용해와 용액		평가 시기	5월 2주
평가 내용	우리 국토의 시·도 단위 행정구역 및 주요 도시의 위치를 지도에 나타내기			
성취 기준	우리 국토를 구분하는 기준들을 살펴보고, 시·도 단위 행정구역 및 주요 도시들의 위치 특성을 파악한다.			
영역	지리 인식	평가 유형	활동 보고서	대상	개인
준비물	● 필기구, 사회과 부도			
유의점	● 사회과 교수 학습 과정(22~24쪽)과 연계해서 평가할 수 있다. ● 우리 국토의 시·도 단위 행정구역 및 주요 도시의 위치 특성을 분석하여 지도에 나타낼 수 있는지 평가한다. ● 《사회과 부도》를 참고하여 행정구역을 지도로 표기하도록 한다.			

평가 기준	
매우 잘함	우리 국토를 구분하는 기준들을 살펴보고, 우리 국토의 시·도 단위 행정구역 및 주요 도시의 위치적 특성을 분석하여 지도에 정확하게 나타낸다.
잘함	우리 국토를 구분하는 기준들을 살펴보고, 우리 국토의 시·도 단위 행정구역 및 주요 도시의 위치를 대부분 지도에 나타낸다.
보통	우리 국토를 구분하는 기준들을 살펴보고, 우리 국토의 시·도 단위 행정구역 및 주요 도시의 일부를 지도에 나타낸다.
노력 요함	우리 국토를 구분하는 기준들을 살펴보고, 우리 국토의 시·도 단위 행정구역이나 주요 도시의 일부를 지도에 나타낸다.

48

※ 《사회과 부도》를 참고하여 우리나라 행정구역의 위치를 표시해 봅시다.

표시할 내용
● 특별시(1곳) ● 특별자치시(1곳) ● 광역시(6곳) ● 도(8곳) ● 특별자치도(1곳) ● 도청 소재지(9곳)

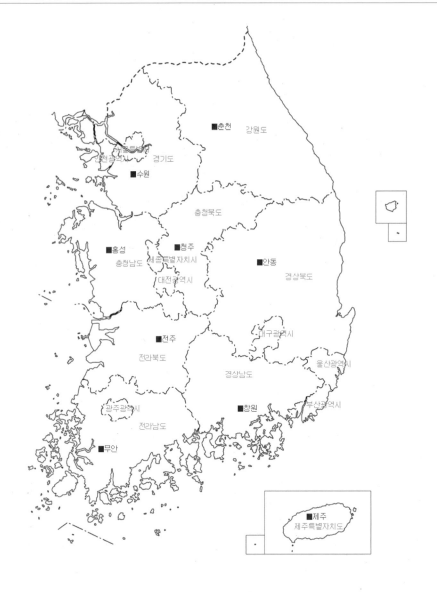

사회 수행평가

국토와 우리 생활

학년   반   번 이름(   )

활동 과제

※ 《사회과 부도》를 참고하여 우리나라 행정구역의 위치를 표시해 봅시다.

표시할 내용
● 특별시(1곳) ● 특별자치시(1곳) ● 광역시(6곳) ● 도(8곳) ● 특별자치도(1곳) ● 도청 소재지(9곳)

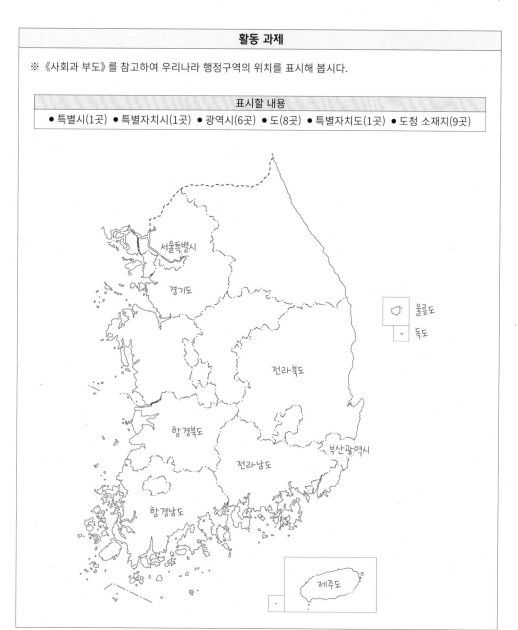

그럼에도 불구하고 예시 답안처럼 작성하는 친구가 있습니다. 《사회과 부도》를 활용해서 이렇게 써낸다면 여러분은 어떤 점수를 주겠나요? 노력 요함을 줄 수밖에 없겠지요. 기본적으로 수업을 이해하지 못했잖아요. 성실함도 느껴지지 않는 답안입니다. 모든 빈칸을 채운다는 생각으로 답을 작성해야 합니다. 이 학생은 《사회과 부도》를 보지 않고 생각나는 몇 가지 지역만 적은 것 같아요. 《사회과 부도》를 활용했다면 이런 답을 쓰지는 않았겠죠. 우리가 수행평가 문제지를 받으면 해야 할 게 뭔지 알겠나요? 바로 문제의 조건을 잘 읽는 거예요. 활용할 수 있는 것을 최대한 활용하여 성심성의껏 답안을 작성하는 것이지요. 수행평가의 기본 자세입니다. 이제 예시 문제를 통해서 여러분이 답안을 작성하는 연습을 본격적으로 해 보지요.

1) 우리나라 무역 관계 설명하기 (중대부초 5-1)

영역	일반 사회(법의 의미와 역할)	
성취 기준	우리나라 주요 수입품과 수출품을 나눌 수 있으며, 우리나라의 주요 무역국과 그 관계를 설명할 수 있다.	
평가 방법	서술	
성취 수준	잘함	우리나라 주요 수입품과 수출품을 나눌 수 있으며, 우리나라의 주요 무역 상대국과 그로 인한 문제점을 구체적으로 서술할 수 있다.
	보통	우리나라 주요 수입품과 수출품을 나눌 수 있으며, 우리나라의 주요 무역 상대국과 그로 인한 문제점을 서술할 수 있다.
	노력 요함	우리나라 주요 수입품과 수출품을 나눌 수 있으며, 우리나라의 주요 무역 상대국과 그로 인한 문제점을 부분적으로 서술할 수 있다.

사회 수행평가

우리나라의 무역 관계

활동 과제

1. 우리나라 주요 수입품과 수출품을 적어 보세요.

수입품	수출품

2. 우리나라의 주요 무역국을 적어 보세요.

_____

_____

_____

3. 우리나라 무역국의 분포를 보고 문제점을 구체적으로 적어 보세요.

_____

_____

_____

꿀샘의 꿀팁

　　우리나라의 주요 수입품과 수출품을 나누어 보세요. 주요 무역 상대국도 적어 보고 수업에서 배운 것을 기반으로 정리해 보는 문제입니다. 우리나라 수입과 수출, 무역 상대국의 편중을 통해서 개발해야 할 분야와 개선해야 할 문제점을 구체적으로 서술하면 매우 잘함입니다. 수출물품의 변화와 더불어 수출입국의 변화가 어떻게 문제가 되고 있는지를 자세하게 써야겠지요. 5학년 수행평가 문제인데도 불구하고 굉장히 심도 있는 답안을 작성할 수 있습니다. 어렵다고 느낄 수도 있는데 여러분의 입장과 눈높이에서 문제를 해석할 수 있으면 됩니다. 배운 대로만 적으면 돼요. 우리나라의 무역 특징을 알면 개선점도 보일 테니까요. 여러분 수준에서 할 수 있는 해석을 적어 보세요. 너무 부담 갖지 말구요.

2) 이상, 이하, 초과, 미만, 반올림, 올림, 버림 실생활에 활용하기 (경기초 5-2)

단원	1. 수의 범위와 어림하기	
평가 내용	이상, 이하, 초과, 미만, 반올림, 올림, 버림의 의미를 알고 실생활에 활용하기	
영역	측정	
평가 방법	서술형	
성취 수준	매우 잘함	이상, 이하, 초과, 미만, 반올림, 올림, 버림의 의미를 정확하게 알고, 이를 활용하여 실생활 문제를 능숙하게 해결할 수 있다.
	잘함	이상, 이하, 초과, 미만, 반올림, 올림, 버림의 의미를 알고, 이를 활용하여 주어진 문제를 대부분 해결할 수 있다.
	보통	이상, 이하, 초과, 미만, 반올림, 올림, 버림의 의미를 알지만, 이와 관련된 문제를 일부만 해결할 수 있다.
	노력 요함	이상, 이하, 초과, 미만, 반올림, 올림, 버림의 의미를 잘 이해하지 못하여 이와 관련된 실생활 문제를 해결하는 데 어려움을 보인다.

수학 수행평가

이상, 이하, 초과, 미만, 반올림, 올림, 버림 활용

활동 과제		
1. 이상, 이하의 뜻과 쓰이는 예를 적어 보세요.		

	뜻과 쓰임새 예시	
이상	뜻	
	예시	
이하	뜻	
	예시	

2. 초과, 미만의 뜻과 쓰이는 예를 적어 보세요.

	뜻과 쓰임새 예시
초과	뜻 예시
미만	뜻 예시

3. 반올림, 올림, 버림의 뜻과 쓰이는 예를 적어 보세요.

	뜻과 쓰임새 예시
반올림	뜻 예시
올림	뜻 예시
버림	뜻 예시

꿀샘의 꿀팁

이 문제 역시 수학 용어의 개념을 정확하게 파악하는 것이 중요합니다. 정확하게 뜻을 알고 있어야 그 뜻에 맞는 예시를 찾아 쓸 수 있으니까요. 이상, 이하, 초과, 미만, 반올림, 올림, 버림의 의미를 정확하게 알아야겠습니다. 수행평가의 목표가 개념을 배우고 이를 활용하여 실생활 문제를 능숙하게 해결할 수 있어요. 수업 시간에 개념을 설명하고 예시를 들어 주실 때 잘 적어두고 생각해 봐야겠습니다.

실생활에 활용한 예시를 잘 찾아내기 위해서는 실제 생활에서 다양한 경험이 있으면 도움이 되겠지요. 생활 속에서 학습의 의미를 찾아내는 겁니다. 엄마와 함께 시장이나 마트에 가서 물건을 골라보고 계산을 많이 해 본 친구가 예시로 들 수 있는 경험도 많겠지요. 책상 위에서 책으로만 학습이 일어나는 것은 아닙니다. 실제 생활에서 무게를 재면서, 물건을 구매하면서 활용할 수 있는 지식들이 많아요. 다양한 경험을 가지면 좋겠어요. 실제 생활과 학교에서 배운 지식을 연결 지을 수 있도록 말이에요. 내가 경험했던 상황 중에서 여러분이 예시로 들 수 있는 것들을 다양하게 생각해서 적어 보세요. '수학이 이렇게 실생활과 연결되는구나.' 느낄 수 있을 거예요.

54

3) 이슬, 안개,구름 설명하기 (화랑초 5-2)

영역	지구와 우주	
교육과정 성취 기준	이슬, 안개, 구름의 공통점과 차이점을 이해하고 비와 눈이 내리는 과정을 설명할 수 있다. <탐구 활동> 이슬, 안개 발생 실험하기	
평가 기준	잘함	이슬과 안개가 생기는 과정을 알고, 이슬과 안개의 공통점과 차이점을 바르게 설명할 수 있다.
	보통	이슬과 안개가 생기는 과정을 알고, 이슬과 안개의 공통점과 차이점을 설명할 수 있다.
	노력 요함	이슬과 안개가 생기는 과정을 이해하지 못하고, 이슬과 안개의 공통점과 차이점을 설명하지 못한다.
단원	과학적 탐구 능력	
평가 방법	3. 날씨와 우리 생활	
	서술평가	

과학 수행평가

이슬, 안개, 구름 설명하기

활동 과제

1. 이슬, 안개, 구름의 공통점과 차이점을 설명해 보세요.

	공통점	차이점
이슬		
안개		
구름		

2. 비와 눈이 내리는 과정을 설명해 보세요.

_____

_____

_____

_____

_____

3. 나의 활동을 평가해 봅시다.

(아주 잘함: ☆, 잘함: ◎, 보통: ○, 부족: △)

평가 내용	평가
이슬, 안개, 구름의 공통점을 잘 알고 있는가?	
이슬, 안개, 구름의 차이점을 잘 알고 있는가?	
비와 눈이 내리는 과정을 잘 알고 이해하기 쉽게 설명하였는가?	

꿀샘의 꿀팁

이슬과 안개가 생기는 과정을 알고, 이슬과 안개의 공통점과 차이점을 바르게 설명하는 것이 이 수행평가의 최종 목표입니다. 하지만 바르게 설명하는 잘함과 설명하는 보통의 차이점이 무엇일까요? 생각해 보면서 답안을 구상하세요. 이슬과 안개의 공통점과 차이점을 정확하게 설명하는 것이 중요해요. 열심히 설명하지만 정확하게 공통점과 차이점을 구분해 내지 못한다면 답안으로 가치가 없지요. 그래서 수업 시간에 답이 있다고 한 겁니다.

내가 수업에 집중하고 있는지 잘 모르겠다 싶은 친구도 있을 거예요. 그 친구를 위해서 나의 평가를 넣은 거예요. 내가 공통점과 차이점을 잘 알고 있는지, 비와 눈이 과정을 이해하기 쉽게 설명했는지 스스로 체크해 보는 거지요. 수업 시간에 목표로 삼은 것을 다 알고 설명할 수 있다면 집중을 엄청 잘 한 거예요. 하지만 이게 뭐지? 싶을 수 있거든요. 그런 친구들은 수업 시간에 집중할 수 있는 힘을 길러야 해요. 집중은 습관이랍니다.

집중하고 싶지만 방법을 모르겠지요. 방법을 알려 줄게요. 수업 시간에 선생님이 도입 부분에서 이 시간에 꼭 알아야 할 목표를 말해 줄 거예요. 그것을 노트에 적어요. 수업 중간 중간 선생님의 설명을 들으며 그 목표한 내용에 답을 쓸 수 있는지 체크해 보세요. 내가 그 답을 다 채울 수 있도록 연습하는 거죠. 수업 시간에 목표를 갖는 겁니다. 그 목표를 하나하나 채워가는 것이 눈에 보이게 노트 정리를 해보세요. 점점 목표한 것을 쉽게 채울 수 있을 거예요. 더불어 수업 집중력도 올라갈 거예요. 여러분 누구라도 할 수 있습니다. 방법을 알았으니 이제 시작해 보세요.

4) 후삼국 통일의 힘 (중대부초 5-2)

단 원 (대주제)		1-2. 독창적 문화를 발전시킨 고려
영역		역사 일반
성취 기준		고려를 세우고 외침을 막는 데 힘쓴 인물(왕건, 서희, 강감찬 등)의 업적을 통하여 고려의 개창과 외침 극복 과정을 탐색한다.
평가 요소		왕건이 후삼국을 통일할 수 있었던 이유를 왕건의 정책과 관련지어 서술하기
평가 기준	잘함	왕건이 후삼국을 통일할 수 있었던 이유를 왕건의 민생 안정 정책, 민족 융합 정책 등과 관련 지어 자세히 서술할 수 있다.
	보통	왕건이 후삼국을 통일할 수 있었던 이유를 왕건의 정책과 관련지어 대략적으로 설명할 수 있다.
	노력 요함	왕건이 후삼국을 통일할 수 있었던 이유를 찾는 데 어려움을 느낀다.
평가 유형		논술평가

사회 수행평가

후삼국 통일의 이유

활동 과제	
제목	후삼국의 통일 이유
왕건 소개 및 업적	
왕건이 후삼국을 통일할 수 있었던 이유	
민생 안정 정책이란?	
민족 융합 정책이란?	

꿀샘의 꿀팁

　이 과제는 왕건이 후삼국을 통일할 수 있었던 이유를 알아보는 것이 목표예요. 그것을 위해서 왕건의 민생 안정 정책, 민족 융합 정책을 알아보는 거죠. 그 사람이 어떤 일을 해 나갔는지 찾다 보면 차츰 알게 되잖아요. 그 사람 행동의 목표가 무엇인지 말이죠. 왕건은 민생 안정 정책과 융합 정책을 통해 후삼국을 통일할 수 있었어요. 통일의 목표를 이루기 위해서 구체적으로 어떤 정책들을 행했는지 하나하나 살펴보세요.

　여러분에게도 이 책을 보는 목표가 있지요. 수행평가를 잘할 수 있도록 연습하는 거잖아요. 그것을 위해서 책에서 10가지의 전략을 소개하고 있어요. 큰 틀에서 10가지의 전략이 무엇인지 알아보고요. 한 가지씩 개별적인 방법을 정복해 나아야겠지요. 지금은 두 번째 챕터예요.

수업 시간에 집중하는 전략을 다루고 있구요. 이렇게 어려워 보이는 수행평가 전략도 하나하나 쪼개서 보면 달성할 수 있는 경우가 많아요.

왕건도 아마 그랬을 거예요. 왕건은 하나하나 정책을 해결해 나가면서 결국 후삼국을 통일할 수 있었지요. 그 정책을 하나하나 알아보면서 왕건의 목표를 확인해 보세요. 이렇게 수행평가를 하면서 여러분도 하나하나 전략을 배워 나가다 보면 왕건이 통일을 이루었던 것처럼 결국 수행평가 완전 정복하는 전략을 다 익힐 수 있을 거예요. 용기를 내세요. 한발 한발 쌓아나가는 게 중요해요.

5) 미래의 계획을 묻고 답하기 (경기초 5-2)

영어 수행평가 기준안

2022학년도   경복초 5학년 1학기

단 원 명	12. I Will Join a Ski Camp		평가 시기	12월 3주
평가 내용	미래의 계획을 묻고 답하는 문장 쓰기			
성취 기준	실물이나 그림을 보고 한두 문장으로 표현할 수 있다.			
영 역	쓰기	평가 유형	서답형	대상	개인
준비물	필기구			
평가 기준	매우 잘함	알파벳 대소문자와 문장부호에 유의하며 미래의 계획을 묻고 답하는 여러 가지 문장을 정확하게 쓸 수 있다.		
	잘함	알파벳 대소문자와 문장부호를 생각하며 미래의 계획을 묻고 답하는 대부분의 문장을 쓸 수 있다.		
	보통	알파벳 대소문자와 문장부호를 생각하며 미래의 계획을 묻고 답하는 문장의 일부를 쓸 수 있다.		
	노력 요함	주어지 낱말을 참고하여 미래의 계획을 묻고 답하는 낱말의 일부를 따라 쓸 수 있다.		

미래의 계획을 묻고 답하기

※ 보기의 낱말을 사용하여 주어진 뜻에 해당되는 문장을 완성해 보세요.

보기

will   learn   what   do   visit   you   friday   I

① 내일 무엇을 할 거예요?

_____ tomorrow?

② 나는 축구할 거예요.

_____ Soccer.

③ 이번 금요일에 무엇을 할 거예요?

_____ this _____ ?

④ 나는 삼촌 댁에 방문할 거예요.

_____ my uncle.

5학년 영어 수행평가 문제입니다. 5학년이 되면 간단한 문법을 활용한 문제들이 제시됩니다. 문장 전체를 다 써야 하는 것은 아니에요. 보기를 활용해서 문장을 완성하기에 크게 어렵지는 않습니다. 하지만 평가 기준에 나와 있듯이 문장을 문법에 맞게 써야 합니다. 수업 시간에 배운 내용을 간단하게 응용한 것이 수업만 잘 따라간다면 크게 힘들지는 않을 거예요. 다만 단어를 쓰면서 대소문자와 문장부호를 살려서 문장을 써야 합니다. 국어 수행평가에서 맞춤법이 틀리면 좋은 점수를 얻기 어렵겠지요. 영어도 마찬가지예요. 사실 모든 과목이 마찬가지지만요.

보기가 있지만 꼼꼼하게 보지 않고 대충 쓰는 친구들이 있습니다. 날려 써서 글씨를 못 알아보기도 하구요. 정확하게 철자를 대소문자 구분해서 쓰도록 하세요. 모든 수행평가에서 가장 기본으로 지켜야 할 사항이랍니다. 예시가 나와 있는데도 철자가 틀리거나 대소문자를 틀리게 쓰는 일은 없도록 주의하세요. 수행평가 답안 작성 시 가장 먼저 염두에 두어야 할 태도에요.

6) 가계와 기업의 합리적 선택 방법 (서울 대도초 6-1)

영역	일반 사회	
단원	2. 우리나라의 경제 발전	
교육 과정 성취 기준	다양한 경제 활동 사례를 통해 가계와 기업의 경제적 역할을 파악하고, 가계와 기업의 합리적 선택 방법을 탐색한다.	
평가 내용 및 기준	잘함	다양한 경제 활동 사례를 분석하여 가계와 기업의 경제적 역할을 설명하고, 가계와 기업의 합리적 선택 방법을 제시할 수 있다.
	보통	다양한 경제 활동 사례를 바탕으로 가계와 기업의 경제적 역할을 설명하고, 합리적 선택을 위해 가계와 기업이 해야 할 일을 찾을 수 있다.
	노력 요함	경제 활동 사례를 바탕으로 가계와 기업의 경제적 역할을 구분할 수 있다.
평가 방법	서술형평가, 관찰평가	

가계와 기업의 합리적 선택 방법

활동 과제	
구분	나의 생각
경제 활동 사례	
가계와 기업의 역할	
가계와 기업의 합리적 선택 방법	

꿀샘의 꿀팁

　이 문제의 평가 기준은 '다양한 경제 활동 사례를 분석하여 가계와 기업의 경제적 역할을 설명하고, 가계와 기업의 합리적 선택 방법을 제시할 수 있다.'입니다. 단어가 참 어려워요. 초등학교 6학년이 되면 과학이나 사회에서 어려운 단어들이 속속 등장합니다. 그런데 안타깝게도 문제를 읽고 무슨 뜻인지 몰라 못 푸는 경우가 늘고 있어요. 그 단어의 뜻이 무엇인지 알아야 문제를 풀 거 아니에요. 단어가 어려워 문제를 읽는 것조차 머리 아프다고 느끼죠. 그런데 어떻게 문제를 풀 수 있겠어요. 여러분이 수업 시간에 집중해야 하는 또 하나의 이유입니다. 수업 시간에 선생님이 용어 설명을 쉽게 해 주시니까요. 어려운 용어를 쉽게 풀어서 설명해 주시면 이해하기가 훨씬 쉬워요. 혼자서 공부를 하려고 교과서를 아무리 읽어봐도 모르겠죠. 문제집을 풀어도 기본적인 용어에 대한 이해가 안 되면 손을 댈 수가 없어요. 하지만 수업에서는 선생님이 여러분이 모르겠다고 이야기하면 자세히 설명을 해 주시잖아요. 고학년이 되면 수업 시간에 더 집중해야 하는 이유입니다.

　지식이라는 것이 쌓인다는 습성이 있어요. 4학년에 배운 내용을 5, 6학년에 활용하고 확장해 나가는 겁니다. 성실한 학생이 공부를 잘할 수밖에 없답니다. 혹시 내가 전에 잘못 배워서 아직 어려운 내용이 있다면 망설이지 말고 선생님에게 질문하세요. 모르는 건 부끄러운 게 아니랍니다. 너무 어려워 말고 선생님에게 쉽게 설명해 달라고 부탁해 보세요. 쉬운 단어부터 쌓아가다 보면 언젠가 이렇게 어려운 문제의 용어도 쉽게 알아들을 수 있을 거예요.

7) 달 모양의 변화 (대곡초 6-1)

단원	2. 지구와 달의 운동	
성취 기준	달의 모양과 위치가 주기적으로 바뀌는 것을 관찰할 수 있다.	
평가 기준	매우 잘함	달의 모양에 따른 이름을 알고, 여러 날 동안 관찰한 달의 모양이 어떻게 달라지는지 설명할 수 있다.
	잘함	달의 모양에 따른 이름은 알고 있지만, 여러 날 동안 관찰한 달의 모양이 어떻게 달라지는지에 대한 설명이 미흡하다.
	보통	달의 모양에 따른 이름은 알고 있지만, 여러 날 동안 관찰한 달의 모양이 어떻게 달라지는지 설명하지 못한다.

과학 수행평가

달 모양의 변화

활동 과제

1. 달의 모양에 따른 이름을 써 보세요.

모양	이름

2. 주기에 따라 달의 모양이 어떻게 달라지는지 설명해 보세요.

_____

_____

_____

_____

_____

_____

_____

꿀샘의 꿀팁

　　달의 모양에 따른 이름을 알고, 여러 날 동안 관찰한 달의 모양이 어떻게 달라지는지 설명할 수 있어야겠네요. 우선 필요한 지식이 달의 모양에 따른 이름을 정확히 아는 것입니다. 한 달 주기로 변화하는 달의 모양이 어떻게 달라지는지 설명하는 거예요. 정확하게 달의 변화되는 모양만 설명할 수 있어도 좋은 평가를 받을 수 있네요. 초등 수행평가의 경우 이렇게 수업 중에 배운 내용만을 간단히 써넣는 문제가 많습니다. 중학교에 올라가도 문제가 그렇게 어렵지는 않습니다. 수업 과정에서 배움이 정확하게 일어나기만 하면 좋은 평가를 받습니다. 중학교까지도 상대평가의 개념이 아니니까요.

　　되도록 여러분이 수업에서 많은 지식을 자기 것으로 만드는 데 주안점을 둡니다. 수행평가에 배운 내용을 성심성의껏 작성하는 태도가 제일 중요해요. 별거 아니니까 아무렇게나 해도 된다고 생각하면 오산입니다. 초·중학교의 문제는 쉽고 점수를 잘 주는 편이지만 고등학교의 수행평가는 달라집니다. 내신 점수의 많은 비중을 차지하는 것이 수행평가거든요. 수행평가 점수로 변별도 해야 하구요. 수행평가 문제가 어려워지고 할 것도 많아져요. 수행평가를 대하는 기본 태도를 초·중학교에서 잘 갖추고 있어야 해요. 고등학교에 가서도 좋은 수행평가 결과를 얻기 위해서 시작부터 자세가 중요하다는 마음으로 평가에 임해야겠습니다. 한번 형성된 태도는 잘 바뀌지 않으니까요. 시작이 중요합니다. 여러분은 지금 출발선에 서 있어요. 이 책과 함께 차근차근 전략을 잘 익혀서 결승점을 향해 달려 나가자구요.

수행평가 전략 03

맞춤법과 어법을 지켜 써라.

"여러분은 정말 머찐 사람입니다. 가능성이 여러분의 무굼무진합니다." 여러분에게 제가 이렇게 메시지를 썼습니다. 여러분 힘이 나나요? 위로받은 기분이 드나요? 메시지의 내용은 위로였지요. 하지만 실망스러운 부분이 있지요. 맞습니다. 맞춤법이에요. 도대체 무슨 이야기를 하는지는 알겠는데요. 크게 마음에 와닿지는 않았을 거예요. 어법도 맞지 않은 이런 글을 보고 저에 대해 좋은 평가를 내릴 친구는 많지 않겠지요.

수행평가도 마찬가지입니다. 맞춤법과 어법은 기본이에요. 좋은 답안을 내는데 기초 공사 같은 것이라고 보면 되겠네요. 수행평가 답안을 작성한 후에 틀린 어법이나 맞춤법이 있지는 않은지 제일 먼저 확인하세요. 정성들여 쓴 여러분의 답안이 빛을 발하도록 말이에요.

첫 번째 예시는 영어 수행평가입니다. 영어에서도 맞춤법이 기본 사항이란 것을 증명하는 수행평가네요. 영어에는 한 가지 더 신경 써야 할 것이 있지요. 문장 부호와 철자에 더해 대소문자 구분을 한 번 더 확인해서 답안을 작성해야 합니다. 대소문자 사용과 문장부호 사용은 영어 수행평가의 기본 채점 기준이랍니다.

(5)학년 (1)학기 (영어)과 수행 평가 기준안

경복초 (5)학년 (1)학기

영 역 명	쓰기			
성 취 기 준	알파벳 대소문자와 문장부호를 문장에서 바르게 사용할 수 있다.			
평 가 영 역	알파벳 대소문자와 문장부호를 문장에서 바르게 사용하기			
단 원 명	6. I Want to Go to the Beach	평가 시기		7월 1주
평 가 방 법	지필평가	평가 환경	대면	v
			zoom	
평가 기준				
평 가 기 준	매우 잘함	알파벳 대소문자와 문장부호를 문장에서 정확하게 사용할 수 있다.		
	잘함	알파벳 대소문자와 문장부호를 문장에서 대체적으로 바르게 사용할 수 있다.		
	보통	알파벳 대소문자와 문장부호를 문장에서 바르게 사용하는 데 어려움이 있다.		

66

(영어)과 수행 평가지

NAME: _____   DATE: _____

GRAMMAR WORKSHEET
QUOTED SPEECH

● *Use correct punctuation and capitalization in the sentences below.*

1. I answered the phone. Hello I said.

   I answered the phone. "Hello," I said

2. My friend asked am I late?

   My friend asked. "Am I late?"

3. Richard said let's hurry! The plane will leave soon!

   Richard said. "Let's hurry! The plane will leave soon!"

4. That's a very funny story I laughed.

   "That's a very funny story." I laughed.

5. I can't hear you he shouted.

   "I can't hear you." he shouted.

6. Jennifer shouted help! There's a big spider in my room!

   Jennifer shouted. "help! There's a big spider in my room!"

7. My teacher asked me did you do your homework?

   My teacher asked me. "bid you do your homework?"

8. Yes I answered.

   "Yes." I answered.

9. Be quiet or they'll hear us I whispered.

   "Be quiet or they'll hear us." I whispered.

10. That she said is a very good idea.

    "That she said is a very good idea."

11. I'm very angry he yelled.

    "I'm very angry!." He yelled.

12. Excuse me I asked. Where's the library?

    "Excuse me." I asked. "where's the library?"

영어 글씨로 답지를 작성할 때 구분해야 할 철자들이 있습니다. a라고 쓴 것인지 q라고 쓴 건지 구분하기 힘든 철자들이 간혹 있잖아요. 특히 글씨를 날려 쓰면 더욱 그렇지요. 확인하기가 어려워요. 맞는 답을 써놓고도 철자를 구분하기 어려워 감점을 받는 경우가 간혹 있습니다. 답지를 작성할 때는 어법과 맞춤법에 더해서 정성들여서 답안을 작성했으면 합니다. 꾹꾹 눌러쓴 글자는 성의가 느껴집니다. 잘 쓰지 못하더라도 또박또박 성의를 다해서 작성하세요. '보기 좋은 떡이 먹기도 좋다.'라고 하지요. 가독성이 좋은 답안이 좋은 평가를 받는 것은 당연한 일이니까요. 작게 쓴 글씨보다는 크게, 보기 좋게 글자를 써 보세요.

두 번째 문제는 조금 더 쉽습니다. 저렇게 단어를 숫자로 쓰기도 하지만 보통은 직접 단어를 쓰게 하는 수행평가도 많아요. 보고 정확한 뜻에 맞춰서 옮겨 쓰면 되긴 하는데 옮겨 쓰는 과정에서 철자가 틀려서 감점을 받기도 합니다. 한 자 한 자 틀리지 않도록 확인해 가며 답지를 완성하도록 하세요.

(5)학년 (2)학기 (영어)과 수행평가 기준안

영 역 명	쓰기			
성취 기준	실물이나 그림을 보고 한두 문장으로 표현할 수 있다.			
평가 영역	실물이나 그림을 보고 한두 문장으로 표현하기			
단 원 명	12. He's a Singer	평가 시기		12월 1주
평가 방법	지필평가	평가 환경	대면	v
			zoom	
평 가 기 준				
평가 기준	매우 잘함	실물이나 그림을 보고 한두 문장으로 정확한 언어 표현으로 표현할 수 있다.		
	잘함	실물이나 그림을 보고 한두 문장으로 이해 가능한 수준의 언어 표현으로 표현할 수 있다.		
	보통	실물이나 그림을 보고 한두 문장으로 표현하는 데 어려움이 있다.		

(영어)과 수행 평가지

1. accountant
2. actor
3. archaeologist
4. architect
5. artist
6. astronaut
7. builder
8. carpenter
9. cook
10. dentist
11. doctor
12. farmer
13. fireman
14. fisherman
15. footballer
16. hairdresser
17. housewife
18. musician
19. nurse
20. pilot
21. police officer
22. shop assistant
23. scientist
24. secretary
25. singer
26. tailor
27. teacher
28. vet
29. waitress

답지를 쓰면서 간혹 글자를 틀릴 때가 있어요. 그게 잘못은 아닙니다. 다만 그럴 때는 지우개로 깨끗이 지운 후에 다시 작성하는 게 좋습니다. 연필로 마구 지우거나 답 위에 덧쓰는 친구들이 있어요. 도저히 지저분해서 어떤 것을 답으로 점수를 줘야할지 확인이 어려워요. 좋은 점수를 주기도 힘듭니다. 답지는 최대한 깔끔한 상태로 제출하세요. 고친 자국이 표시나지 않으면 좋지만 그게 어렵다면 최소한 내가 답으로 주장하는 것이 어떤 것인지는 구분할 수 있도록 해야겠지요. 내가 맞다고 쓴 답인데 채점자가 헷갈려서 오답으로 처리하는 일은 막아 보자구요.

마지막 문제는 어법에 맞게 문장을 고치는 것입니다. 글을 쓰다 보면 비문을 쓰는 경우가 종종 있어요. 특히 영어 공부를 많이 한 친구들은 영어식의 해석을 국어에도 적용하죠. 영어식으로는 해석이 되지만 국어에선 비문이 아닌지 생각해야 해요. 단어도 어울리지 않는 단어를 쓰거나 시제를 맞추지 않는 경우도 있습니다. 이것을 예방하기 위해서는 답안을 작성하고 여러 번 읽어 보고 제출해야 합니다. 여러 번 소리 내서 읽다 보면 문장의 흐름이 어색한 부분이 보일 거예요. 읽어 보고 나서 그 부분을 고쳐서 제출하면 됩니다. 한 번에 답안을 작성하고 바로 내는 친구들이 있어요. 실수할 수 있습니다. 다 완성된 답지라도 한 번 더 읽어 보고 표현이 어색한 부분은 없는지 고쳐 보세요. 단어도 조금 더 뜻에 어울리는 걸로 고치구요. 아래 예시처럼 투쟁보다는 싸움으로 쓰는 것이 더 어울리잖아요. 그렇게 하는 겁니다.

글은 나를 표현하는 도구예요. 인체로 따지면 내 얼굴이나 마찬가지죠. 세수도 안 하고 외출하는 친구는 없잖아요. 외출하기 전에 꼭 거울을 보듯이 답지 제출하기 전에 한 번 더 읽어 보세요. 말끔하게 정리된 답지를 제출할 수 있도록 말이에요.

(국어)과 수행평가 기준안

경복초 6학년 2학기

영 역 명	쓰기			
성취 기준	적절한 근거와 알맞은 표현을 사용하여 주장하는 글을 쓴다.			
평가 내역	글을 바르게 고쳐 쓰는 방법을 알기			
단 원 명	7. 글 고쳐 쓰기		평가 시기	12월 1주
평가 방법	수행평가 지필평가	평가 환경	대면	v
			zoom	
평가 기준	평 가 기 준			
	매우 잘함	글을 고쳐 쓰는 방법을 잘 알고 잘못된 문단, 문장, 낱말을 찾아 바르게 고칠 수 있음.		
	잘함	글을 고쳐 쓰는 방법을 알고 잘못된 문단, 문장, 낱말을 찾아 비교적 바르게 고칠 수 있음.		
	보통	글을 고쳐 쓰는 방법을 알지 못하고 잘못된 문단, 문장, 낱말을 찾아 고치기 어려워함.		
예시 답안	1. (예) 고운 말을 사용합시다. 2. 고운 말을 사용해야 하는 것은 어린이만이 아니다. 3. 요즘 많은 어린이가 이야기할 때 은어나 비속어를 사용한다. 4. 투쟁 → 싸움			

(국어)과 수행평가지

학년   반   번 이름 (   )

단원명	7. 글 고쳐 쓰기	차시	3-4/10	평가일	년 월 일
과제명	글을 고쳐 쓰는 방법 알기			평가일	(인)

활동 과제

※ 다음 글을 읽고 물음에 답해 봅시다.

다른 사람을 존중하자

  ⊙ 요즘 많은 어린이가 이야기할 때 은어나 비속어를 사용했다. 국립국어원 조사에 따르면 조사 대상 초등학생의 93퍼센트가 비속어를 사용한 적이 있다고 한다. 만약 학생 열 명이 있다면 적어도 아홉 명은 비속어를 사용한 적이 있는 것이다. 비속어가 아닌 고운 말을 사용해야 하는 까닭은 무엇일까?

  고운 말을 사용하면 서로 존중하는 마음을 전할 수 있다. 흔히 말이 눈에 보이지 않는 마음임을 표현할 때 "말은 마음의 거울"이라는 격언을 사용한다. 고운 말을 사용해야 하는 것은 어린이만이 아니다. 존중하는 마음이 없다면 고운 말도 나오지 않는다.

  고운 말을 사용하면 다른 사람과 원활하게 대화할 수 있다. 은어나 비속어는 대화를 어렵게 하고 오해를 불러일으킨다. ⓒ 단순히 재미있으려고 은어나 비속어를 사용했다가 친구들끼리 투쟁으로 이어지는 경우도 있고, 어른과 어린이의 일상적인 대화가 어려워지는 경우도 있다.

1. 글의 제목을 알맞게 바꾸어 써 봅시다.

  비속어 멈춰

2. 글에서 필요 없는 문장을 찾아 밑줄을 그어 봅시다.

3. ⊙의 문장을 바르게 고쳐 써 봅시다.

  요즘 많은 어린이가 이야기할 때 은어나 비속어를 사용한다.

4. ⓒ의 문장에서 어색한 낱말을 찾아 동그라미표를 하고 바르게 고쳐 써 봅시다.

  투쟁 → 싸움

1) 물건 주인에 관한 문장 (충암초 5-1)

영역	쓰기	
성취 기준	구두로 익힌 문장을 쓸 수 있다.	
평가 기준	매우 잘함	3문항 이상을 모두 바르게 답하고, 유창하게 대화를 읽을 수 있다.
	잘함	2문항을 모두 바르게 답하고, 2개 이상의 대화를 읽을 수 있다.
	보통	1문항을 바르게 답하고, 실수가 있으나 문장 및 낱말을 읽을 수 있다.
	노력 요함	한 문장도 완성하지 못하며, 대화를 전혀 읽지 못한다.

영어 수행평가

물건 주인에 관한 문답

활동 과제

1. Whose pen is that?

① 저 펜은 누구의 것입니까?

② 저 펜은 얼마입니까?

③ 내 펜은 어디에 있습니까?

④ 저 펜은 고장이 났습니까?

2. It's Chae-rin's

① 나는 채린입니다.

② 나는 채린이가 아닙니다.

③ 그것은 채린이 것입니다.

④ 그것은 채린이 것이 아닙니다.

3. Whose computer is this?

① 이것은 컴퓨터입니까?

② 이것은 누구의 컴퓨터입니까?

③ 누가 컴퓨터를 가지고 왔습니까?

④ 컴퓨터를 가지고 온 사람이 있습니까?

4. It's yours.

① 그것은 당신 것입니다.

② 그것은 당신 것이 아닙니다.

③ 그것은 사람입니다.

④ 그것은 당신이 아닙니다.

꿀샘의 꿀팁

　　영어 문장의 뜻을 찾아보는 과제입니다. 문장을 유창하게 읽어 보고 나서 뜻을 찾는 것인데 간단한 문법을 알면 풀 수 있는 문제입니다. 짧은 문장이기 때문에 쉽게 풀 수 있을 거예요. 이런 쉬운 수행평가의 경우는 수업만 잘 들어도 누구나 좋은 평가를 받을 수 있습니다. 이런 문제에서 감점이 되지 않도록 해야겠어요. 모두가 만점을 받는 문제에서 실수를 하지 않도록 하세요. 간단하게 참여할 수 있는 평가 하나도 놓치지 마세요. 점수를 주기 위해서 낸 문제니까요. 감점은 받지 말고 잘 풀 수 있어야 해요. 어려운 문제 또한 잘 풀려면 쉬운 문제부터 성실하게 풀어야 한다는 것을 잊지 마세요. 쉽다고 무시하지 말자구요. 쉬운 문제도 어려운 문제도 모두 점수를 받을 수 있으니까요.

2) 올바른 문장의 구성 (화랑초 5-2)

영역	문법		
교육과정 성취 기준	국어의 문장 성분을 이해하고 호응 관계가 올바른 문장을 구성한다.		
평가 기준	잘함	호응 관계에 맞게 생각하며 매체를 활용해 겪은 일이 잘 드러나게 글을 쓸 수 있다.	
	보통	호응 관계를 생각하며 매체를 활용해 겪은 일이 드러나게 글을 쓸 수 있다.	
	노력 요함	호응 관계에 대한 이해가 부족하고 매체를 활용해 겪은 일이 드러나게 글을 쓰기에 미흡하다.	
역량 요소	의사소통		
단원	4. 겪은 일을 써요		
평가방법	서술형 평가		

국어 수행평가

문장 성분의 호응 이해하기

활동 과제

자신의 경험 중에서 하나를 골라 글을 써 보세요.

주제가 주어지고 주제에 맞게 글을 쓰는 건데요. 그 글을 호응 관계를 생각하며 써 보는 겁니다. 문장 하나를 쓰더라도 글의 문맥이 자연스럽게 이어지도록 쓰는 거죠. 어떻게 써야 문맥이 자연스러울까요? 문장이 짧아야 해요. 문장이 길어지면 주어에 맞게 서술어를 찾아 쓰는 데 어려움을 겪게 됩니다. '나는 유튜브가 재미있다.'라는 문장과 '나는 요즘 환상적인 동영상을 많이 보여주는 유튜브를 엄청 많이 보고 좋아한다.'를 비교해 보세요. 어떤 문장이 호응이 잘 되었을까요? 문장이 길어지면 어디서 끊어 읽어야 할지도 어려워요. 어느 내용이 연결되는 건지 찾기가 힘듭니다.

문장이 짧으면 호응 관계를 찾아주기가 쉬워요. 되도록 꾸미는 말은 빼고 주어와 서술어를 가까이 배치하세요. 호응이 잘 되는 문장을 쓸 수 있는 방법이랍니다. 읽어 보고 퇴고하면서 문장 길이를 줄여 보세요. 이 단어를 빼도 문장이 어색하지 않다면 과감하게 빼도 좋습니다. 되도록 의미 없는 것들을 지워가며 문장을 줄여 보세요. 호응 관계도 잘 되고 사건을 잘 나타낼 수 있는 글을 쓰는 데 도움이 된답니다.

3) 국어 바르게 사용하기 (홍대부초 5-2)

영역 주제		문법
성취 기준		일상생활에서 국어를 바르게 사용하는 태도를 지닌다.
성취 수준	매우 잘함	일상생활에서 올바른 국어 사용을 적극적으로 실천한다.
	잘함	일상생활에서 국어를 바르게 발음하고 표기하는 태도를 지닌다.
	보통	일부 상황에서 국어를 바르게 발음하고 표기한다.
	노력 바람	일부 상황에서 국어를 바르게 발음하고 표기하는 방법을 안내에 따라 사용하기 위해 노력한다.
평가 방법		관찰평가, 수행평가
관련 단원		8. 우리말 지킴이

국어 수행평가

국어 바르게 사용하는 법

활동 과제

1. 한 시간 동안 내가 말하는 언어를 녹음하고 분석해 봅시다.

내가 자주 사용하는 단어와 문장 20가지

나의 활동을 평가해 봅시다.

(아주 잘함: ☆, 잘함: ◎, 보통: ○, 부족: △)

평가 내용	평가
발음을 잘못하거나 표기를 틀리게 사용한 곳 없이 바르게 사용하였나?	
나의 신조어 사용 습관은 어떠한가?	
나의 비속어 사용 습관은 어떠한가?	

꿀샘의 꿀팁

　　나의 언어 습관을 점검해 보는 과제입니다. 내가 사용하는 단어가 어떤지 점검해 보는 거지요. 나의 언어 습관이 어떤지 잘 모르는 경우가 많습니다. 내가 제일 많이 사용하는 단어와 문장을 적어 보세요. 그것을 분석해 보면서 나의 언어를 살펴보는 겁니다. 과제를 위해서 평소 쓰는 말을 미화하면 안 됩니다. 솔직하게 내가 말하는 습관을 적어야 해요.

솔직한 나의 말을 적어본 후에 분석을 해보는 겁니다. 내가 바른 언어를 사용하고 있는가 말입니다. 신조어를 잘 사용하는지 비속어를 너무 많이 사용하고 있지는 않은지 점수를 줘 보세요. 녹음하다 보면 자연스럽게 평소에 사용하는 언어 습관이 나올 수 있습니다. 그렇게 언어 습관을 점검해 보는 거지요. 바른 언어를 사용해서 글을 쓸 수 있어야 해요. 글에서도 그렇고 삶에서도 바른 언어 습관을 위해서 자신의 언어를 습관적으로 체크해 보는 시간을 가졌으면 좋겠습니다. 자신이 사용하는 언어가 자신의 품격을 나타냅니다. 언어를 통해 품격 있는 자신을 만들어 갔으면 좋겠어요. 물론 글쓰기 수행평가에도 도움이 된답니다.

4) 낱말의 뜻 짐작하기 (성동초 5-2)

단원명	7. 중요한 내용을 요약해요.		
영역	문법		
성취 기준	낱말이 상황에 따라 다양하게 해석됨을 탐구한다.		
평가 내용	낱말의 뜻을 짐작하며 읽어야 하는 까닭 알기		
성취 수준	월등함	낱말 뜻을 짐작하여 바꾸어 쓸 수 있는 다른 낱말을 떠올릴 수 있으며, 낱말의 뜻을 짐작하며 읽어야 하는 까닭을 설명할 수 있음.	
	우수함	낱말 뜻을 짐작하여 바꾸어 쓸 수 있는 다른 낱말을 떠올릴 수 있으며, 낱말의 뜻을 짐작하며 읽어야 하는 까닭을 알고 있음.	
	양호함	낱말 뜻을 짐작하여 바꾸어 쓸 수 있는 다른 낱말을 알고 있으나 낱말의 뜻을 짐작하며 읽어야 하는 까닭을 알지 못함.	
	보통임	낱말 뜻을 짐작하여 바꾸어 쓸 수 있는 다른 낱말을 알고 있으나 낱말의 뜻을 짐작하며 읽어야 하는 까닭을 알지 못함.	

국어 수행평가

낱말의 다양한 쓰임새 알기

활동 과제

1. 다음 문장에서 공통적으로 사용된 다의어를 찾아봅시다. 그리고 각 문장에서 다의어가 어떤 뜻으로 쓰였는지 <보기>에서 찾아 써넣어 봅시다.

보기

신체의 발   활동 범위   걸음

▪ 철수는 발이 넓어서 도움을 받을 수 있는 친구들이 많다.	
▪ 어제 영희는 발을 다쳐서 병원에 입원했다.	
▪ 민수는 발이 빨라 우리 학교 달리기 대표 선수로 뽑혔다.	

보기

기록되다   타다   비싸지다

▪ 출발 시간이 되어 민철이는 빨리 버스에 올랐다.	
▪ 그 낱말은 사전에 올라 있지 않다.	
▪ 경제 사정이 좋지 않아서 가전제품의 가격이 많이 올랐다.	

80

2. 다음 보기의 문장에서 '얼굴'의 뜻이 어떻게 다른지 설명해 보세요.

보기

㉮ 태극기는 우리나라의 얼굴이다.
㉯ 미진이는 체육 시간에 축구를 하다가 얼굴에 상처가 났다.

_____

_____

< 경기초 실제 수행평가 문제 변형>

꿀샘의 꿀팁 ───────────────────

다양한 단어를 사용해야 글을 잘 쓸 수 있습니다. 한 가지 뜻을 가진 다양한 단어의 쓰임새를 알고 있으면 풍부한 표현을 할 수 있어요. 단어의 다양한 쓰임새를 알고 있으면 글을 읽을 때도 도움이 된답니다. 단어의 뜻이 무엇인지 많이 알고 있어야 글을 잘 이해할 수 있어요.

요즘 학생들은 짧은 동영상을 자주 보잖아요. 10분이 넘어가면 영상에 집중하기가 어렵죠. 그 영상에서 사용하는 단어들은 어려울 게 없는데도 말이죠. 글로 써 있는 문장을 읽으면 어때요. 영상보다 훨씬 더 집중하기가 어렵잖아요. 글을 읽으면 재미도 없구요. 글을 읽고 쓰려면 자꾸 읽고 써봐야 해요. 그래야 쉽게 써지고 잘 읽힌답니다.

글을 읽고 쓰는 시간이 길어질수록 단어들을 많이 기억하게 되지요. 단어들을 많이 활용하게 되구요. 매일 영상을 보는 것처럼 조금씩 책을 읽어 보면 좋겠어요. 재미있게 읽는 것이라면 무엇이라도 좋아요. 조금씩 읽고 잠깐씩이라도 써보는 것도 괜찮습니다. 메모 형식으로라도요. 한 줄도 괜찮습니다. 그것이 쌓여 여러분이 글을 쓰는 데 많은 도움이 될 거예요. 한 줄 읽고 쓰기부터 시작해 보세요.

5) 계절의 특징과 영향 (왕북초 5-2)

평가 영역		대기와 해양		
평가 요소	관련 단원	3. 날씨와 우리 생활		
	성취 기준	계절별 날씨의 특징을 우리나라에 영향을 주는 공기 성질과 관련지을 수 있다.		
	평가 내용	우리나라 계절별 날씨의 특징이 우리 생활에 주는 영향 설명하기		
세부 기준 및 결과 처리	평가 기준	계절별 날씨의 특징을 우리나라에 영향을 주는 공기의 성질과 관련지어 설명할 수 있다.	결 과	잘함
		계절별 날씨의 특징을 기온, 습도, 바람 등으로 구분하여 설명할 수 있다.		보통
		계절별 날씨의 특징을 말할 수 있다.		노력 요함
평가 방법(횟수)		관찰, 서술평가(1회)		

계절별 날씨의 특징

활동 과제

1. 계절별 날씨의 특징을 우리나라에 영향을 주는 공기 성질과 관련지어 설명해 보세요.

_____

_____

_____

_____

_____

_____

_____

_____

_____

_____

_____

_____

_____

_____

_____

_____

_____

_____

계절별 날씨의 특징을 우리나라에 영향을 주는 공기의 성질과 관련지어 설명하는 수행평가 과제입니다. 계절별 특징과 공기의 성질에 대해서 배운 지식을 잘 풀어서 봐야 할 텐데요. 설명 문은 뭐니 뭐니 해도 쉽게 써야 합니다. 너무 어려운 설명이나 난해한 글은 읽고 싶지가 않잖아 요. 쉽게 문맥의 흐름을 잘 살려서 글을 써 봐야겠습니다.

쉽게 쓰려면 글의 내용을 잘 드러낼 수 있는 쉬운 단어들을 사용하면 좋습니다. 어려운 단어 를 사용해서 자신의 지식을 뽐내려 하지 마세요. 어렵게 쓴다고 해서 잘 쓰는 글이 아닙니다. 설명문은 정보 전달을 목적으로 하는 글이지요. 정확한 정보를 쉽게 풀어쓰면 그것으로 족합 니다. 객관적인 정보를 모르는 사람에게 알려 준다고 생각하고 쓰면 됩니다.

머리말과 본문, 맺음말로 나눠서 써 보세요. 머리말에는 쓰고자 하는 글의 내용을 간단히 알 려 줍니다. 본문에서 우리나라 계절별 날씨의 특징과 우리나라에 영향을 주는 공기의 성질에 대해서 설명하세요. 마지막으로 본문에서 설명한 내용을 간단하게 요약해 주면 됩니다. 여러 분이 배운 내용이 정확하다면 어렵지 않게 쓸 수 있을 거예요.

6) 조언하는 말 (성동초 5-2)

단원명	6. I have a headache.	
영역	쓰기	
성취 기준	구두로 익힌 문장을 쓸 수 있다.	
평가 내용	증상을 묻고 답하는 말과 아픈 사람에게 조언하는 말 쓰기	
성취 수준	월등함	모든 낱말을 정확하게 써서 문장을 완성하고 바르게 쓸 수 있다.
	우수함	실수가 있긴 하나 대부분의 낱말을 바르게 쓰고 문장의 내용을 이해하고 있다.
	양호함	실수가 있긴 하나 대체적으로 자연스럽게 쓸 수 있다.
	보통임	자신감이 부족하고 문장을 바르게 쓰지 못한다.

영어 수행평가

아픈 상황에 대한 글쓰기

활동 과제

1. 아래 질문을 읽고 대답을 완성하세요.

A: Where does it hurt?

B: (   )

배가 아파요.

_____
_____
- -
_____

머리가 아파요.

_____
_____
- -
_____

이가 아파요.

_____
_____
- -
_____

다리가 아파요.

_____
_____
- -
_____

　　간단하게 영어 문장을 써 보는 수행평가입니다. I have로 시작해서 아픈 부위만 바꿔 가면 문장을 완성하면 됩니다. 이 수행평가에서 가장 중요하게 보는 것이 단어를 정확하게 쓰는 것입니다. 모든 과목이 마찬가지지만 영어는 스펠링이 정말 중요합니다. 한 글자만 틀려도 전혀 다른 뜻의 단어가 될 수 있으니까요. 그 부분을 감안해서 정확하게 철자를 확인하며 답을 써 보세요.

　　이 단원을 배우면서 다양한 신체 표현에 대해서 배웠을 테니까 각 신체 부위를 나타내는 단어들을 정확히 익혀 보세요. 그래야 자유자재로 쓸 수 있으니까요. 국어에서처럼 영어 또한 정확한 단어의 뜻과 사용되는 상황을 알고 있는 것이 중요합니다. 많은 단어를 정확하게 알고 있는 것이 글쓰기의 힘을 키워 줍니다. 단어를 익히고 다양하게 사용하는 것을 게을리하지 마세요. 꾸준히 익히다 보면 여러분의 글쓰기의 큰 밑천이 되어 줄 거예요.

7) 기체의 부피가 달라지는 현상 (서울대도초 6-1)

영역	물질의 성질	
단원	3. 여러 가지 기체	
교육과정 성취 기준	온도와 압력에 따라 기체의 부피가 달라지는 현상을 관찰하고, 일상생활에서 이와 관련된 사례를 찾을 수 있다.	
평가 내용 및 기준	잘함	온도와 압력에 따라 기체의 부피가 달라지는 현상을 설명하고 이와 관련된 사례를 찾을 수 있다.
	보통	온도와 압력에 따라 기체의 부피가 달라짐을 설명할 수 있다.
	노력 요함	기체의 부피가 달라짐을 알고 설명할 수 있다.
평가 방법	서술형평가, 관찰평가	

과학 수행평가

기체의 부피가 달라지는 현상 설명하기

활동 과제

1. 온도와 압력에 따라 기체의 부피가 달라지는 현상을 설명해 보세요.

2. 온도와 압력에 따라 기체의 부피가 달라지는 현상의 예를 적어 보세요.

-
-
-

꿀샘의 꿀팁

온도와 압력에 따라 기체의 부피가 달라지는 현상을 설명하고 이와 관련된 사례를 찾아보는 과제입니다. 설명문을 쓸 때 핵심 내용을 나타내는 중심 문장을 앞에 쓰세요. 그 내용을 설명할 수 있는 예시를 뒤이어 씁니다. 두괄식 문장 구성으로 문단 하나를 완성해 가는 겁니다.

어떻게 써야 하는지 어렵다면 여러분이 좋아하는 라면의 뒷면을 한번 보세요. 라면 끓이는 법이 나와 있지요. 그것만 보고도 라면을 누구나 쉽게 끓일 수 있잖아요. 그것이 바로 설명문이에요. 우리가 흔히 보는 모든 사용 설명서가 설명문의 방식으로 쓰여 있어요. 그것을 활용해서 글을 써 보세요.

내용은 알기 쉽고 간단하게 쓰면 좋아요. 너무 복잡하게 쓰면 알아듣기가 쉽지 않으니까 간단한 문장으로 내용을 정리해서 써 보는 겁니다. 그래야 문장도 자연스럽고 정보 전달도 쉬워지니까요. 알고 있는 내용을 핵심만 추려서 쓴다고 생각하고 써 보세요. 조금 더 매끄러운 문장으로 쓸 수 있을 겁니다. 마지막엔 다시 읽어 보며 퇴고하는 것 잊지 마시고요. 틀린 표현이나 어색한 문장, 맞춤법을 한 번 더 점검하면서 글의 완성도를 높여 보세요.

수행평가 전략 04

요약하여 주제가 드러나게 써라.

수행평가 답을 쓸 때 무조건 길게 쓰는 게 유리하다는 생각을 가진 친구들이 있어요. 양으로 승부하는 거죠. 길게 쓰려면 어떤 방법을 쓸까요? 가진 지식은 한정되어 있는데 길게 쓰려면 방법은 딱 하나죠. 한 말 또 하고 한 말 또 하는 방법을 쓸 겁니다. 길게 늘여 쓴 답을 요약하면 한 줄로 줄이기도 가능할 정도예요. 쓰지 않아도 될 쓸데없는 말들로 양만 길게 늘이지 마세요. 이 과제에서 내가 하고 싶은 말이 무엇인지 주요 내용을 요약 정리해서 쓰는 습관을 들이세요. 쓸데없는 말을 길게 쓴다고 해서 높은 점수를 받는 것이 아닙니다. 꼭 필요한 내용, 들어가야 할 핵심 단어가 있어야 점수를 줄 수 있어요. 양에 대한 욕심을 버리고 핵심을 간추려서 쓰는 연습을 지금부터 해 봐요.

(5)학년 (2)학기 (수학)과 수행평가 기준안

영 역 명	자료와 가능성			
성취 기준	평균의 의미를 알고, 주어진 자료의 평균을 구할 수 있으며, 이를 활용할 수 있다.			
평가 내용	여러 가지 방법으로 평균을 구하기			
단 원 명	6. 평균과 가능성	평가 시기		12월 2주
평가 방법	수행평가	평가 환경	대면	v
			zoom	v
평가 기준	평 가 기 준			
	매우 잘함	평균의 의미를 설명하고, 평균과 관련된 실생활 문제를 해결할 수 있다.		
	잘함	평균의 의미를 알고, 주어진 자료의 평균을 구할 수 있다.		
	보통	안내된 절차에 따라 주어진 자료의 평균을 구할 수 있다.		

(수학)과 수행 평가지

학년 반 번 이름(   )

단원명	6. 평균과 가능성	차시	8/8	평가일	년 월 일
과제명	가능성을 수로 구하고, 그 이유 설명하기			평가자	(인)

활동 과제

※ 주머니 속에 흰색 바둑돌이 3개, 검은색 바둑돌이 3개 있습니다. 물음에 답하시오.

(1) 주머니 속에서 바둑돌 1개를 꺼냈을 때, 흰색일 가능성을 수로 나타내고, 그렇게 생각한 이유를 쓰시오.

    <답>   2분의 1

    <이유> 흰색 바둑 돌도 3개이고 검은색 바둑돌도 3개라서 흰색 바둑돌이 나올 확률은 반반이다.

(2) 주머니 속에서 바둑돌 1개를 꺼냈을 때, 검은색일 가능성을 수로 나타내고, 그렇게 생각한 이유를 쓰시오.

    <답>   2분의 1

    <이유> 흰색 바둑돌도 3개이고 검은색 바둑돌도 3개라서 검은색 바둑돌이 나올 확률은 반반이다.

(3) 주머니 속에서 바둑돌 1개를 꺼냈을 때, 빨간색일 가능성에 대한 수진이의 의견입니다. 수진이의 의견이 맞는지 틀린지 쓰고, 그렇게 생각한 이유를 쓰시오.[2점]

       수진: 주머니 속에서 꺼낸 바둑돌이 빨간색일 가능성은 반반이야.

    <답>   틀림

    <이유> 흰색과 검은색 바둑돌만 있는데 빨간색이 여기서 왜 나와

예시로 작성한 답안을 보세요. 나름 짧게 줄여서 썼습니다. 길게 설명을 늘여 쓰기보다 핵심 내용이 들어가도록 썼네요. 마지막 문제의 답은 말로 사용하는 어투를 답안에 써서 부적절하긴 하지만 나름 줄여서 쓰려고 노력한 티가 납니다. 남학생들의 경우는 특히 길게 안 쓰려고 합니다. 길게 안 쓰는 것은 나쁘지 않은데 짧게 쓸 때는 반드시 그 안에 핵심이 다 들어가야 한다는 걸 기억하세요.

아래 국어 문제는 요약하기 문제입니다. 긴 글을 구조에 맞춰서 짧게 요약하는 연습을 하는 문제는 수행평가에서 자주 출제되는 유형입니다. 그런데 여러분이 글을 워낙 안 읽는 탓일까요? 글을 읽고 그 문단의 핵심 단어를 찾는 것을 어려워하기도 해요. 글의 핵심 단어는 보통 많이 나오는 단어를 찾으면 조금 쉽게 찾을 수 있습니다. 핵심 단어는 문단에서 여러 번 등장하는 경우가 많으니까요. 핵심 단어를 찾았으면 가장 중요한 문장이 어떤 것인지 찾는 연습을 해 보세요. 문단에서 가장 중요한 말을 하고 있는 문장을 찾는 거죠. 그 문장에는 핵심 단어가 들어 있는 경우가 많겠지요. 각 문단에서 찾은 핵심 문장을 연결하면 요약하기 조금 더 쉬워질 거예요.

(국어)과 수행평가 기준안

(6)학년 (1)학기

영 역 명	읽기			
성취 기준	글의 구조를 고려하여 글 전체의 내용을 요약한다.			
평가 내용	이야기의 구조에 따라 중요한 내용을 요약하기			
단 원 명	2. 이야기를 간추려요	평가 시기		4월 3주
평가 방법	관찰평가 / 포트폴리오	평가 환경	대면	v
			zoom	
평가 기준	평 가 기 준			
	매우 잘함	이야기의 구조를 생각하며 사건 전개에 맞게 중요한 내용을 요약 할 수 있음.		
	잘함	이야기의 구조를 생각하며 사건 전개에 맞게 요약할 수 있음.		
	보통	이야기의 구조와 사건 전개에 맞게 요약하기 어려워함.		

기록 방법	번호	이름	문학 작품 속 인물 소개하기	문학 작품 속 인물과 나의 삶을 관련짓기
	1			
	2			

답안

1. (예)

발단: 오성이 한음에게 주려고 하인에게 감을 따오라고 하였다. /

전개: 오성의 하인이 옆집으로 휘어들어간 감 가지에서 감을 따려고 하자 옆집
하인이 따지 못하게 하였다. /

절정: 오성은 옆집 권철 대감 댁으로 찾아가 방문 창호지에 주먹을 찔러 넣고
누구의 주먹이냐고 물었다. /

결말: 권철 대감은 주먹이 오성의 몸에 붙어 있으므로 오성의 것이라고 답하며
감을 딸 수 있도록 해 주었다.

(국어)과 수행 평가지

학년   반   번 이름 (   )

단원명	2. 이야기를 간추려요	차시	5-6/8	평가일	년 월 일
과제명	두 양 사이의 관계 알아보기			평가자	(인)

활동 과제

1. 다음 글을 읽고 이야기의 구조에 따라 내용을 요약해 봅시다.

    오성의 집에 감나무 한 그루가 있었다. 가을이 되자, 감들이 빨갛고 탐스럽게 익었다.

    어느 날, 오성의 친구 한음이 놀러 왔다. 오성은 한음에게 감을 주려고 하인에게 잘 익은 감을 몇 개 따오라고 하였다. 그런데 오성의 하인이 옆집으로 휘어 들어간 감 가지에서 감을 따려고 하자 옆집 하인이 큰 소리를 치며 나무랐다.

    "감 가지가 우리 집에 있으니 이 감은 우리 것이오. 딸 수 없소."

    옆집에는 임진왜란 때 행주산성에서 큰 승리를 거둔 권율 장군의 아버지 권철 대감이 살고 있었다. 그는 매우 어질기로 유명하였다. 하인에게 소식을 들은 오성은 권철 대감댁으로 향했다. 오성은 권철 대감 방문 창호지에 주먹을 푹 찔러 넣었다. 대감은 깜짝 놀라 소리쳤다.

    "어느 놈이 이리 무례한 짓을 하느냐?"

    "옆집에 사는 오성입니다. 대감님! 이 주먹이 누구의 주먹입니까?"

    "네 주먹이 아니냐?"

    "주먹이 대감님 방 안에 들어가 있는데, 이 주먹이 어째서 제 것입니까?"

    "방 안에 들어와 있어도 너의 몸에 붙어 있으니 너의 주먹이지 않느냐?"

    대감님의 답을 들은 오성은 방으로 들어가 조금 전에 있었던 감나무 이야기를 하였다. 대감은 오성의 총명함에 감명을 받고 감을 딸 수 있도록 해 주었다.

이야기 구조	중요한 사건 간추리기
발단	오성이 친구 한음에게 감을 주려고 감나무의 옆집으로 휜 가지의 감을 따자 대감의 하인이 안 된다고 한다.
전개	이 소식을 들은 오성이 대감을 찾아간다.
절정	오성은 창의적인 방법으로 대감을 설득한다.
결말	대감은 오성의 말을 듣고 감을 딸 수 있게 해 준다.

예시 답안을 보면 대체적으로 잘 요약했습니다. 수행평가에서 제시된 예시 답안에 비해서 길지도 않게 핵심을 잘 찾았네요. 그런데 요약한 내용을 읽어 보면 어떤가요? 의문점이 생깁니다. 전개 부분에서는 오성이 대감을 찾아간 것이 핵심 문장이라고 말할 수 있을까요? 발단 부분에 전개 내용까지 요약을 하니 전개 부분의 내용이 허술할 수밖에 없습니다. 발단과 전개의 내용을 적절히 나누는 데 실패한 경우지요. 또한, 절정에서 창의적인 방법이라고 했는데요. 창의적인 방법이라는 단어를 보고는 도대체 어떤 방법인지 알 수가 없습니다. 창의적인 방법이라는 표현보다는 창호지에 주먹을 찔러 누구 주먹이냐고 물었다는 구체적인 방법을 요약 내용에 넣어 주어야 해요. 그래야 글의 내용을 정확하게 알 수 있지요. 이렇듯 문단을 잘 나누고 문단에서 핵심 내용을 선정해서 문장으로 써야 제대로 요약을 할 수 있습니다. 안 그러면 요약 내용을 보고도 글의 내용을 알 수 없는 애매한 상황이 생기게 된답니다.

마지막 문제는 논설문을 써 보는 과제입니다. 논설문은 자신의 의견이나 주장으로 타인을 설득하기 위하여 쓰는 글이지요. 서론, 본론, 결론으로 나눠 쓰는데요. 서론은 글의 첫 시작으로 본론에서 다룰 문제의 필요성을 제기합니다. 짧게 무엇에 대해서 말할지를 써 주면 되지요. 관련된 사건이나 일화, 질문, 속담으로 시작하거나 아예 주제를 언급하며 시작하면 됩니다. 본론에는 핵심 주장이 담깁니다. 첫째, 둘째로 나누어 핵심을 제시하면 더 분명한 주장을 할 수 있습니다. 반대 의견에 대해서 비판하면서 시작하거나 공통점과 차이점을 드러내며 주장을 내세웁니다. 문제점과 대안을 제시하기도 하지요. 서론과 잘 연결되도록 쓰며 통일성과 완결성, 일관성을 지키며 써야 합니다. 결론은 분명하고 짧게 씁니다. 이제껏 주장했던 내용이 무엇인지 간결하게 정리해서 마무리해 주지요. 본문을 요약해서 쓰고 다른 주장이나 관련 없는 이야기를 첨언하지 않습니다. 아래 예시 답안을 보며 분석해 볼까요?

(국어)과 수행평가 기준안

영 역 명	쓰기		
성취 기준	적절한 근거와 알맞은 표현을 사용하여 주장하는 글을 쓴다.		
평가 내용	자신의 정한 주제에 맞게 ppt를 짜임새 있게 구성하여 발표하기		
단 원 명	4. 주장과 근거를 판단해요	평가 시기	5월 2주
평가 방법	관찰평가 / 자기평가	평가 환경	대면 v zoom

	평 가 기 준	
평가 기준	매우 잘함	타당한 근거를 마련하여 알맞은 표현으로 논설문을 잘 쓸 수 있음.
	잘함	타당한 근거를 마련하여 논설문을 쓸 수 있음.
	보통	타당한 근거를 마련하여 논설문을 쓰기 어려워함.

	발표하고 싶은 내용	활용할 자료	자료를 선택한 까닭
예시 답안	<우리나라의 기후> ◦ 우리나라의 연중 기온 ◦ 우리나라의 연중 강수량	도표	도표는 대상의 수량 변화를 한눈에 알아볼 수 있기 때문이다.
	<옛날의 직업> ◦ 사라진 직업의 종류 ◦ 과거 직업인 보부상의 모습	표, 영상	표는 사라진 직업의 종류와 그 까닭을 직업별로 정리해 보여 주기 알맞고 보부상의 모습을 생생하게 보여 주려면 영상이 좋기 때문이다.
	<여행지 소개> ◦ 여행지의 자연환경 ◦ 여행지의 문화재	사진, 관광 안내서	사진을 통해 여행지의 자연환경을 한눈에 보여 줄 수 있고 여행지의 여러 문화재가 잘 설명되어 있는 관광 안내서를 보여 주면 좋기 때문이다.

(국어)과 수행평가지

학년   반   번 이름 (   )

단원명	4. 주장과 근거를 판단해요	차시	7-8/8	평가일	년 월 일
과제명	타당한 근거를 들어 알맞은 표현으로 논설문 쓰기			평가자	(인)

활동 과제

1. 우리 학교에서 일어나는 문제 가운데에서 자신이 주장을 펼치고 싶은 문제 상황을 정해 주장을 정하고 주장을 뒷받침할 근거를 써 봅시다.

문제 상황	급식을 먼저 받는 사람들만 많이 주고 뒤로 갈수록 양이 줄어들 때가 있다.
주장	급식의 양을 같게 해야 한다.
근거 1	모든 학생은 같은 양의 급식을 받아야 할 권리가 있다.
근거 2	학생들은 모두 평등하게 대접받아야 한다.

2. 1번에서 정리한 내용을 바탕으로 논설문을 간단하게 써 봅시다.

우리 학교에서 급식을 먼저 받는 학생들만 많이 주고 뒤로 갈수록 줄어들 때가 있다. 나는 학생들에게 급식을 줄 때 급식의 양을 같게 해야 한다고 생각한다.

그 이유는 첫째, 모든 학생은 같은 양의 급식을 받아야 할 권리가 있기 때문이다. 우리 학교의 모든 학생은 정부에서 보장하는 같은 양의 급식을 받아야 할 권리가 있다. 따라서 급식의 양을 다르게 주는 것은 법을 어기는 일이다. 둘째, 학교의 모든 학생은 평등하게 대접받아야 하기 때문이다. 모든 인간은 서로 평등하다. 따라서 모든 학생은 서로 평등하다. 그러므로 모든 학생은 평등하게 대접받아야 한다. 급식의 양을 다르게 주는 것은 평등한 대접이 아니므로 옳지 않다. 나는 지금까지 우리 학교의 문제점과 그 해결 방안에 대해 글을 썼다. 우리 학교가 빨리 문제점을 해결해 줬으면 좋겠다.

짧은 논설문이지만 자기주장을 요약해서 잘 적었습니다. 서론에서는 문제점과 자기주장을 간략하게 썼습니다. 좋아요. 본론에서 근거와 이유를 들어 자기주장을 뒷받침했습니다. 권리가 있다는 말이 반복되어서 조금 지루한 감이 있긴 하네요. 퇴고를 했다면 발견할 수 있는 문제점이었겠죠. 결론에서는 주장을 한 번 더 마무리해 주었습니다. 군더더기 없이 간단하게 잘 작성했네요. 짧지만 논설문의 요소를 갖춘 글이라 매우 잘함을 받을 수 있겠네요.

1) 글쓴이의 주장 요약하기(서울대도초 5-1)

영역		읽기
단원		5. 글쓴이의 주장
교육과정 성취 기준		글을 읽고 글쓴이가 말하고자 하는 주장이나 주제를 파악한다.
평가 내용 및 기준	잘함	두 가지 글을 읽고 글에 드러난 단서나 문맥을 활용하여 글쓴이의 주장을 모두 파악할 수 있다.
	보통	글의 형식상 구조를 고려하여 글 전체의 내용을 요약할 수 있다.
	노력 요함	글의 형식상 구조를 고려하여 글을 부분적으로 요약할 수 있다.
평가 방법		서술형평가, 관찰평가

국어 수행평가

글쓴이의 주장 요약하기

활동 과제

1. 아래 두 글을 읽고 내용을 요약해서 적어 보세요.

아이들의 미래 역량을 키우기 위해서 가장 필요한 교육은 무엇일까? 무엇보다 중요한 것이 미디어 리터러시라고 생각한다. 리터러시란 읽고 쓰는 능력을 말한다. 미디어를 읽고 쓰고 해석하는 능력이 미디어 리터러시다. 미래를 살아갈 아이들에게 가장 필요한 것이 미디어를 읽고 쓰고 활용하는 능력이다. 미디어 리터러시가 중요한 이유는 첫째, 아이들이 미디어의 주로 소비 계층이기 때문이다. 아이들은 스마트폰이나 컴퓨터 속의 사이버 세상에 너무나 익숙하다. 글을 통해 정보를 파악하기 보다는 영상을 소비하는 세대이다. 수없이 많은 영상을 보고 그 정보를 받아들이는 가운데서 가장 중요한 것이 미디어를 제대로 읽고 분석하는 것이다. 비판적으로 미디어의 내용을 소비할 수 있어야 정보 판단력이 생긴다. 이를 활용해서 세상을 받아들일 수 있어야 한다. 둘째, 청소년은 미디어를 자주 이용하되 미디어에 대한 비판력이 약하기 때문이다. 유튜브에서 주장하는 편협한 사고관, 혹은 자신의 이익을 추구하기 위해 주장하는 것을 진실이라고 받아들인다. 미디어에서 필요에 따라서 정보를 받아들이며 그 진실성에 대해서 판단할 수 있는 힘과 역량이 필요하다. 그래서 미디어 리터러시가 무엇보다 중요한 교육이라고 생각한다.

요약하기	

미디어 리터러시 교육을 어떻게 해야 할까? 일단 미디어에서 팩트체크를 할 수 있어야 한다. 미디어에서 전하는 내용이 사실인지 확인하는 과정이 필요하다. 출처는 분명한지, 원본의 글을 찾아보는 습관이 필요하다. 옛말에 '아' 다르고 '어' 다르다는 말이 있다. 어떻게 해석하느냐에 따라서 전혀 내용이 달라질 수 있으므로 원전의 내용을 찾아서 확실하게 정보를 분석해야 한다. 또한, 펙트뿐 아니라 오피니언 체크도 더불어 할 수 있어야 한다. 하나의 사건을 두고 의견이 분분하다. 그런데 그 의견이 자신의 이익에 의해서 쓰인 것은 아닌지 살펴볼 줄 알아야 한다. 똑같은 내용을 다룬 논설이나 칼럼을 비교하며 치우친 의견은 아닌지 생각해 봐야 한다. 권위 있는 사람의 의견이라고 하더라도 그대로 수용해서는 안 된다. 그 사람만의 논리가 한쪽으로 치우쳐 있는 것은 아닌지 살펴본 다음 판단해야 한다. 이것이 미디어 리터러시를 제대로 해석하고 받아들이는 방법이다.

요약하기	

꿀샘의 꿀팁

요약하기를 본격적으로 연습해 보는 문제입니다. 요약을 위해서 문단에서 가장 많이 나오는 단어를 체크해 볼까요? 빈도가 잦은 단어를 찾았나요? 그렇다면 이 글은 무엇에 대한 내용인가요? 그렇습니다. 미디어 리터러시에 대한 내용이에요. 핵심 단어를 찾았으면 이제 문단을 살펴볼까요?

첫 번째 문단에서는 첫째, 둘째라는 단어가 나옵니다. 요약하기에 좋은 글입니다. 첫째와 둘째가 나타내는 핵심 내용을 찾아서 그 내용을 요약해서 써 주면 됩니다. 두 번째 문제의 경우 첫 문장에서 문제를 제기하고 있습니다. 그 다음 해결책에 대한 내용을 풀어 쓰고 있지요. 제기된 핵심 문제에 대한 답을 정리해서 요약해 보면 되겠네요. 두세 개의 문장 중에서 제일 중요한 문장이 무엇인지 선택해 가며 덜 중요한 문장은 지우세요. 혹은 두세 개의 문장을 한 문장으로 줄여 쓰는 연습을 해 보세요. 요약할 때 도움이 될 거예요.

2) 주장 파악하고 자신의 주장과 근거 제시 (청원초 5-1)

영역	읽기	
단원	5. 글쓴이의 주장	
국가 수준 성취 기준	글을 읽고 글쓴이가 말하고자 하는 주장이나 주제를 파악한다.	
평가 내용	글을 읽고 글쓴이의 주장을 파악하고, 자신의 주장과 근거를 제시한다.	
평가 기준	매우 잘함	두 가지 글을 읽고 글에 드러난 단서나 문맥을 활용하여 글쓴이의 주장을 모두 파악할 수 있다.
	잘함	글을 읽고 글쓴이의 주장을 파악하고, 자신의 주장과 근거를 제시할 수 있다.
	보통	글을 읽고 글쓴이의 주장을 파악하나 자신의 주장을 근거와 함께 제시할 때 타당성이 다소 떨어진다.
	노력 요함	글쓴이의 주장을 파악하지 못하고, 자신의 주장을 타당한 근거와 함께 제시하지 못한다.
평가 방법	서술평가	

국어 수행평가

주장하는 글쓰기

활동 과제

1. 아래 글을 읽고 글쓴이의 주장에 대하여 찬성과 반대 의견을 표현하고 자신의 주장을 근거를 들어 설명해 보세요.

> 초등학생의 스마트폰 사용에 대하여 나는 찬성한다. 지금 초등학생은 어려서부터 스마트폰과 함께 자랐다고 해도 과언이 아니다. '디지털 원주민'이라고 불릴 만큼 스마트폰 사용에 익숙하다. 어른보다 더 빨리 정보를 찾는다. 책을 읽고 정보를 파악하는 것보다 영상으로 정보를 파악하는 것이 훨씬 더 편안하고 익숙하다. 굳이 스마트폰 사용을 막을 이유가 없다. 스마트폰을 활용해서 더 많은 정보를 쉽게 사용할 수 있도록 해야 한다. 막는다고 막아지지가 않는다. 차라리 스마트폰을 쓰게 하고 정확한 활용 방법을 찾게 하는 것이 빠르다. 눈이 안 좋아지는 것을 걱정하는 의견도 있지만, 사용 시간을 조정하면 된다. 스마트폰 사용을 무조건 막을 것이 아니라 현명하게 사용하는 방법을 알려 주는 것이 맞다.

	찬성 ( )	반대 ( )
요약하기	이유	이유
나의 주장 글쓰기		

초등학생 스마트폰 사용에 대한 나의 입장을 주장하는 글을 써보겠습니다. 물론 여러분은 찬성 입장이 강하겠지요. 어른들은 반대 입장일 테구요. 두 가지 주장 중에서 어떤 것을 선택할지 정해야 합니다. 내가 스스로 선택한 주장은 힘이 있습니다. 많은 사람이 따르는 주장은 이유와 근거가 분명한 경우가 많지요. 두 가지 입장 중에서 어떤 것을 택할지 정하세요.

내가 찬성하는 입장이라면 찬성의 근거를 마련해야 합니다. 그냥 재미있어서라든지 스마트폰을 해도 크게 해가 되지 않는다는 것이 자신의 생각일 수 있어요. 틀린 생각은 아닙니다만 주장의 근거를 댈 때 애매할 수 있습니다. 재미있는데 뭐가 문제가 되느냐는 주장은 재미있으면 유해한 것도 모두 용서가 되느냐는 반대에 부딪힐 수 있으니까요. 해가 되지 않으니 찬성한다고 주장하면 어떨까요. 그럼 해가 되지 않는다고 아무 행동이나 무분별하게 해도 문제가 아니냐고 반박할 가능성이 높습니다. 물론 모든 주장에는 반박의 가능성이 있지만 조금 더 논리적이고 객관적인 주장을 하는 것이 반대 의견을 잠재울 수 있는 방법이지요.

내가 생각하는 감성적인 이유보다는 조금 더 객관적이고 논리적인 이유를 들어서 논설문을 써야 하는 이유입니다. 논설문의 주장은 나의 느낌이 아니라 타당한 근거가 있어야 힘을 얻을 수 있습니다. 타당한 근거를 댈 수 있는 주장을 써 보도록 노력해 보세요.

3) 기행문 쓰기 (대곡초 5-1)

영역	쓰기	
단원	7. 기행문을 써요	
성취 기준	체험한 일에 대한 감상이 드러나게 글을 쓴다.	
평가 기준	매우 잘함	여정, 견문, 감상을 정리해 알맞게 글의 내용을 정리하고 짜임새 있게 기행문을 쓸 수 있다.
	잘함	여정, 견문, 감상이 드러나는 기행문을 쓸 수 있다.
	보통	여정, 견문, 감상 가운데에서 한 가지 이상이 잘 드러나지 않거나 글의 짜임새가 부족하다.

국어 수행평가

기행문 쓰기

활동 과제

1. 가장 기억에 남는 여행에 대해서 기행문을 써 보세요.

102

기행문에는 여정, 견문, 감상이 드러납니다. 여정이란 여행한 경로입니다. 언제 어디를 갔는지가 시간과 공간으로 나뉘어 나오지요. 견문은 여행 중에 보고 들어 새롭게 알게 된 것입니다. 감상은 여행하고 나서 자신의 느낌을 말합니다. 기행문을 쓸 때는 처음에 어떻게 여행을 하게 되었는지를 씁니다. 여행의 전체적인 안내지 역할을 하도록 쓰면 됩니다.

본문에는 여정, 견문, 감상이 본격적으로 드러나지요. 기행문을 쓸 때는 육하원칙에 따라 쓰면 읽기 좋습니다. 누구와 언제, 어디로, 어떻게 가게 되었는지와 무엇을 했는지를 쓰는 거죠. 어떤 경험을 했고 어떤 점이 왜 좋았는지 쓰면 됩니다. 중간중간에 재미있었던 일화를 넣어 주면 더 생동감 있는 기행문이 될 것입니다.

마지막에는 여행을 하면서 느낀 점을 써 주면 좋습니다. 보통 "재미있었다. 다음에도 또 가고 싶다."로 마무리하는 친구들이 많아요. 너무 식상합니다. 이번 여행이 왜 좋았는지, 다음에는 어떤 여행을 하고 싶은지 나만의 느낌을 색다르게 적어 보세요. 톡톡 튀는 단어를 써서 느낌을 살려 써 보세요. 심심하지 않은 기행문을 쓸 수 있을 것입니다.

4) 글의 구조에 맞게 요약하기 (왕북초 5-2)

평가 영역		읽기	
평가 요소	관련 단원	7. 중요한 내용을 요약해요	
	성취 기준	글의 구조를 고려하여 글 전체의 내용을 요약한다.	
	평가 내용	글의 구조에 따라 요약하기	
세부 기준 및 결과 처리	평가 기준	잘함	글을 요약하는 방법을 알고 글의 구조에 따라 요약할 수 있다.
		보통	글을 요약하는 방법을 알지만 글의 구조에 따라 글 전체를 요약하기 어려워한다.
		노력 요함	글을 요약하는 방법을 알지 못하고 글의 구조에 따라 요약하지 못한다.
평가 방법(횟수)		서술평가(1회)	

국어 수행평가

글의 구조에 맞게 요약하기

활동 과제

1. 글을 읽고 내용을 요약해서 적어 보세요.

방학 계획을 내 마음대로 짤 수 있다면, 하고 싶은 게 뭘까 생각해 본 적이 있다. 엄마 아빠가 아무런 간섭도 하지 않고 해야 할 공부나 숙제도 없다. 학원은 하나도 다니지 않고 내 마음대로 어디든 갈 수 있다면 나는 무엇을 할까?

멍때리고 아무것도 안 하고 싶다. 그동안 나는 너무나도 바빴다. 학교 갔다 와서 조금 쉬었다 학원에 갔다. 매일 공부할 것이 쌓여 있었다. 내 마음대로 뒹굴거릴 시간이 없었다. 늘 쫓기는 기분이었다. 아무 할 일 없이 멍하니 있고 싶다. 물론 스마트폰도 이때는 안 할 거다. 아무것도 안 할 수 있는 자유를 나에게 주고 싶다.

두 번째로 여행을 계획할 것이다. 탁 트인 바다에 가고 싶다. 기차를 타고 여유롭게 바닷가에 가고 싶다. 거기서 일주일쯤 머물며 해수욕을 하고 싶다. 자고 일어나서 바다에서 온종일 놀다가 저녁에 숙소로 돌아와서 쉴 거다. 파도 소리를 들으며 바닷가에 앉아 있고 모래 놀이도 실컷 하고 싶다. 더울 때면 시원한 아이스크림도 하나 먹을 거다. 생각만 해도 진짜 신이 난다.

마지막으로 시골 외갓집에 가고 싶다. 외갓집에 가면 할아버지 할머니가 계신다. 할머니랑 윷놀이도 하고 할아버지랑 마을 산책도 하고 싶다. 할아버지의 트럭을 타고 시골 마을을 돌아다니는 재미는 진짜 최고다. 할아버지 밭에 가서 직접 감자도 캐보고 마당에 달린 방울토마토도 따 먹을 거다. 청개구리 구경도 하고 자전거도 실컷 타고 싶다. 할머니가 쪄 주시는 감자는 언제 먹어도 정말 맛있다. 오랜만에 외갓집에서 실컷 놀면서 할아버지 할머니와 지내고 싶다.

나의 방학 계획이 이대로만 이루어진다면 얼마나 좋을까? 엄마한테 방학 때 이 중에서 하나라도 꼭 하게 해달라고 부탁해 봐야겠다.

요약하기	

요약에 앞서 위 글을 세 부분으로 나눠 보세요. 어디부터 어디까지 처음-중간-끝으로 나눴나요? 그 부분을 나누는 것부터 요약이 시작됩니다. 이 글은 나누기 쉽게 첫째, 둘째, 셋째의 구조로 구성되어 있네요. 다루고자 하는 내용을 한 문장으로 정리하고 나서 하고 싶은 것을 세 개로 나눠 쓰면 간단하게 요약할 수 있습니다.

중간중간에 감정을 많이 표현한 글입니다. 그 감정까지 다 요약하면 내용이 길어지고 산만해질 수 있어요. 요약할 때 느낌은 되도록 추가하지 마세요. 또한, 이것도 하고 싶고 저것도 하고 싶다고 써 있는데요. 그걸 요약할 때는 마을 산책도 하고 싶고 감자도 캐고 싶고 이렇게 문장을 다 따오다 보면 너무 길어집니다. 쉼표를 활용해 보세요. 마을 산책, 감자 캐기 이런 식으로 줄여서 표현하고 쉼표를 활용하는 겁니다. 또한, 내용이 너무 많아진다 싶으면 '등'을 사용해서 표현하는 거예요. '마을 산책, 감자 캐기 등을 하고 싶다.'라는 식으로 말이죠. 요약을 할 때 조금 짧고 간단하게 요약을 하는 데 도움이 될 거예요.

5) 미래의 계획 묻고 답하기 (경기초 5-2)

단원명	쓰기	평가 시기	12월 3주
평가 내용	미래의 계획을 묻고 답하는 문장 쓰기		
성취 기준	실물이나 그림을 보고 한두 문장으로 표현할 수 있다.		
유의점	● 보기의 낱말을 참고하여 미래의 계획을 묻고 답하는 문장을 주어진 뜻에 알맞게 쓸 수 있는지 평가한다. ● 알파벳을 쓴 글자가 어떤 글자인지 판별하기 어려울 정도이면 오답으로 처리한다. ● 알파벳의 대소문자를 올바르게 썼는지 확인한다.		
평가 기준	매우 잘함	알파벳 대소문자와 문장부호에 유의하며 미래의 계획을 묻고 답하는 여러 가지 문장을 정확하게 쓸 수 있다.	
	잘함	알파벳 대소문자와 문장부호를 생각하며 미래의 계획을 묻고 답하는 대부분의 문장을 쓸 수 있다.	
	보통	알파벳 대소문자와 문장부호를 생각하며 미래의 계획을 묻고 답하는 문장의 일부를 쓸 수 있다.	
	노력 요함	주어진 낱말을 참고하여 미래의 계획을 묻고 답하는 낱말의 일부를 따라 쓸 수 있다.	

영어 수행평가

미래의 계획 묻고 답하기

활동 과제

1. 보기의 낱말을 사용하여 주어진 뜻에 해당하는 문장을 완성해 보세요.

보기

will   learn   What   do   visit   you   friday   I

① 일요일에 무엇을 할 거예요?

_____

_____   sunday?

② 나는 농구할 거예요.

_____

_____   basketball.

③ 이번 금요일에 무엇을 할 거예요?

_____ this _____ ?

④ 나는 고모 집에 방문할 거예요.

_____

_____   my aunt.

영어에도 군더더기 표현을 많이 쓰지요. cute라고 하면 될 것을 so cute라고 표현해서 극대화시키기도 하지요. 그렇게 부사를 사용하거나 꾸밈말을 넣게 되면 영어 문장도 길어진답니다. 가끔 영어 문장을 읽다 보면 문장 전체를 안은 문장으로 넣어 문장의 길이가 무척 길어지는 문장이 있지요. 영어 문장을 쓸 때도 간단하게 문장을 작성하는 연습이 필요합니다.

아직 우리는 영어 공부 시작 시기에 있으니까 분명하고 짧은 문장 표현부터 연습해 보는 거죠. 경기초 실체 수행평가 문제를 변형해서 제출해 보았습니다. 초등학교 수준에 맞춰서 꾸미는 말은 최대한 자제하여 문장을 완성하게 했습니다. 꼭 필요한 단어만 사용해서 문장을 만들게 되어 있네요. 크게 어렵지 않게 작성할 수 있을 겁니다. 영어 문장을 잘 쓰고 싶다면 이런 기본 틀의 문장에 부사를 하나씩 첨가해 보면 됩니다. 너무 길지 않으면서 문법에 맞게 영어 문장을 완성할 수 있을 것입니다.

6) 우리 민족의 생활 모습 (홍대부초 5-2)

성취 기준		고조선, 삼국 시대, 통일신라, 고려, 조선 중기에 이르는 역사적 사건과 우리 민족의 생활 모습을 다양한 역사 자료와 사료를 통해 탐색한다.
평가 방법		지필평가, 수행평가(학습장)
관련 단원		1. 옛사람들의 삶과 문화
평가 기준	매우 잘함	고조선, 삼국 시대, 통일신라, 고려, 조선 중기에 이르는 역사적 사건과 우리 민족의 생활 모습을 이해하고, 나라의 발전에 기여한 주요 인물의 활동을 중심으로 여러 나라가 성장하는 모습을 설명할 수 있다.
	잘함	고조선, 삼국 시대, 통일신라, 고려, 조선 중기에 이르는 역사적 사건과 우리 민족의 생활 모습을 이해하고, 나라의 발전에 기여한 주요 인물의 활동을 중심으로 여러 나라가 성장하는 모습을 제시할 수 있다.
	보통	고조선, 삼국 시대, 통일신라, 고려, 조선 중기에 이르는 역사적 사건과 우리 민족의 생활 모습을 이해하고, 나라의 발전에 기여한 주요 인물의 활동에 대해 말할 수 있다.
	노력 요함	고조선, 삼국 시대, 통일신라, 고려, 조선 중기에 이르는 역사적 사건과 우리 민족의 생활 모습을 이해하고, 나라의 발전에 기여한 주요 인물의 활동에 대한 내용을 수업 흐름에 따라 정리한다.

사회 수행평가

우리 민족의 생활 모습

활동 과제

1. 고조선, 삼국 시대, 통일신라, 고려, 조선 중기의 역사적 사건 하나를 골라 소개해 보세요.

2. 고조선, 삼국 시대, 통일신라, 고려, 조선 중기 중 한 시대의 생활 모습을 소개해 보세요.

	생활 모습
시 대	

3. 나라 발전에 기여한 주요 인물을 한 명 골라 활동을 소개해 보세요.

소개할 인물의 활동 내용

꿀샘의 꿀팁

    고조선부터 조선 중기에 이르기까지 수많은 사건이 있었지요. 그 사건 중에서 하나를 골라보는 겁니다. 요약을 잘 하려면 그 내용에 대해서 잘 알고 있는 것이 좋습니다. 간단하게 사건의 개요만 알고 있다면 요약할 것도 없지요. 요약하여 설명할 사건이라면 개요뿐만 아니라 사건에 대한 여러 가지 일화나 관련된 정보를 많이 가지고 있는 게 좋지요. 요약하여 사건을 전달할 때 재미있고 깊이 있게 사건을 알려줄 수 있게 해 주니까요.

　내가 잘 알고 있고 관심이 많은 사건을 선정하는 것이 중요합니다. 관심과 흥미가 있는 사건에 대해서 글을 쓰면 글에서도 그 신남이 느껴지거든요. 알려주고 싶은 나의 열정이 느껴지지요. 글을 쓸 때 자신이 가장 좋아하고 관심 있는 분야를 선택하는 것이 중요해요. 생활상이나 관심 있는 인물을 소개하는 글도 마찬가지예요.

　다만 너무 많이 알려진 생활상이나 인물은 피하는 것이 좋습니다. '아! 나 이거 알아.'라는 생각이 들면 흥미가 생기지 않고요. 독자가 알고 있는 내용과 비교하며 읽습니다. 다 아는 내용이라고 생각이 들면 좋은 느낌을 남길 수가 없지요. 조금 덜 알려진 생활상이나 인물이 독자의 호기심을 자극할 수 있습니다. 좋은 느낌으로 남아서 좋은 점수를 얻게 할 수 있는 가능성도 높아진다는 뜻이에요. 주제를 선택할 때 이 팁이 도움이 될 거예요.

7) 식물의 구조 (서울대도초 6-1)

영역	생물의 구조와 에너지	
단원	4. 식물의 구조와 기능	
교육과정 성취 기준	식물의 전체적인 구조 관찰과 실험을 통해 뿌리, 줄기, 잎, 꽃의 구조와 기능을 설명할 수 있다.	
평가 내용 및 기준	잘함	증산 작용 실험과 광합성 산물을 확인하는 실험을 통해 뿌리, 줄기, 잎, 꽃의 구조와 각각의 기능을 설명할 수 있다.
	보통	식물의 전체적인 구조를 관찰하고, 식물의 뿌리, 줄기, 잎, 꽃의 구조와 각각의 기능을 설명할 수 있다.
	노력 요함	식물을 관찰하여 뿌리, 줄기, 잎, 꽃으로 구분할 수 있다.
평가 방법	서술형평가, 관찰평가	

과학 수행평가

식물의 구조

활동 과제

1. 증산 작용 실험에 대해서 설명해 보세요.

2. 광합성 산물 확인 실험에 대해서 설명해 보세요.

3. 뿌리, 줄기, 잎, 꽃의 구조와 기능에 대해서 설명해 보세요.

뿌리	구조 기능	
줄기	구조 기능	
잎	구조 기능	
꽃	구조 기능	

꿀샘의 꿀팁

　　증산 작용 실험과 광합성 산물 확인 실험 두 가지 과정을 설명하고 그 과정에서 알게 된 뿌리, 줄기, 잎, 꽃의 구조와 기능을 설명하는 수행평가입니다. 두 가지 실험이 어떻게 구조와 기능을 설명할 때 쓰일 수 있을지 결과를 잘 정리하면서 실험 과정을 나열하는 것이 필요합니다. 실험을 통해서 알게 된 사실을 나열할 때 핵심 포인트를 잡아서 정리하세요. 모든 과정을 나열할 필요는 없습니다. 그 실험을 통해서 알고자 하는 것이 무엇인지 실험 목표를 확인하고요. 그 확인 과정에서 필요한 것들만 정리하세요. 굳이 필요하지 않은 과정까지 길게 늘여 쓸 필요는 없습니다. 핵심을 잡아서 요약해서 쓸 수 있는 연습은 모든 글에서 주제를 나타낼 때 꼭 필요한 방법이니까요. 깔끔하게 핵심 주제만 드러내도록 문장 쓰는 연습을 자주 해 보세요. 아름답고 미려한 문장보다는 짧고 주제를 잘 나타내는 문장이 수행평가 논리적 글쓰기에선 필요하니까요.

수행평가 전략 05

주제를 좁혀 쓰되 아는 것을 깔끔하게 정리하라.

글을 쓰다 보면 내가 많은 것을 알고 있다고 자랑하고 싶어집니다. 남들은 모르는 나만의 필살기를 늘어 놓고 싶은 생각이 나지요. 어쩌면 인간의 욕구 중에 자기 과시의 욕구가 여실히 드러나는 것이 글쓰기가 아닐까 싶은데요. 그렇게 내가 아는 것을 모두 쓰다 보면 주제가 너무 광범위해집니다. 이 말 했다 저 말 했다 할 가능성이 많아집니다. 병아리 이야기를 쓰다 보면 닭이 생각나고, 닭은 풀을 먹고 풀에는 농약 성분이 많다까지 이어질 수 있다는 거예요. 처음에 쓰고자 했던 병아리 이야기는 온 데간데 없어지지요. 읽는 사람이 도대체 무슨 말을 하고 싶은 건가 의문이 들 거예요. 열심히 썼지만 글에 집중하지 못하게 만듭니다. 많은 지식을 자랑하는 글보다는 주제가 명확한 글을 쓰는 연습이 필요해요. 수행평가 글쓰기는 그 주제에 적합한 내용만 좁혀서 깔끔하게 정리만 해도 충분합니다.

첫 번째 예시 문제와 답안을 보세요. 비유적 표현의 효과와 특성에 대해서 한 줄로 정리하는 내용입니다. 기준안에서 제시한 예시 답안과 학생이 작성한 답안을 비교해 볼까요. 다른 답안은 다 같고 4번 문항의 답만 조금 다르지요. 기준안에서 제시한 답안은 문장으로 완성되어 있고 문장의 길이가 깁니다. '여러 가지 소리가 섞여 있다. 여러 가지 악기가 어우러져 만드는 교향악처럼 세상의 여러 곳에서 소리가 나게 한다.' 등으로 여러 가지 예시를 설명하고 있습니다. 학생이 작성한 답안을 보면 간단하고 명료합니다. '여러 소리가 섞여서'라고 말이죠. 더 긴 설명이 필요하지 않을 듯하지요. 되도록 답안을 작성할 때 기준안보다는 학생 답안처럼 작성하는 연습을 하면 좋습니다. 핵심 내용은 들어가되 깔끔하게 줄여 썼지요. 긴 문장으로 쓰지 않아도 충분합니다.

(6)학년 (1)학기 (국어)과 수행평가 기준안

경복초 (6)학년 (1)학기

영 역 명	문학			
성 취 기 준	비유적 표현의 특성과 효과를 살려 생각과 느낌을 다양하게 표현한다.			
평 가 내 용	비유하는 표현을 생각하며 시 읽기			
단 원 명	1. 비유하는 표현	**평가 시기**		3월 4주
평 가 방 법	지필평가	**평가 환경**	대면	v
			zoom	
평 가 기 준	**평 가 기 준**			
	매우 잘함	비유하는 표현을 생각하며 시를 읽고 비유하는 표현을 통해 대상을 어떻게 표현했는지 정확하게 파악할 수 있음.		
	잘함	비유하는 표현을 생각하며 시를 읽고 비유하는 표현을 통해 대상을 어떻게 표현했는지 어느 정도 파악할 수 있음.		
	보통	비유하는 표현을 생각하며 시를 읽고 비유하는 표현을 통해 대상을 어떻게 표현했는지 파악하기 어려움.		
예 시 답 안	번호	이름	비유하는 표현 떠올리기	시 완성하기
답 안	1. 봄비 2. 지붕 3. 악기 4. (예) 여러 가지 소리가 섞여 있다. 여러 가지 악기가 어우러져 만드는 교향악처럼 세상의 여러 곳에서 소리가 나게 한다. 등			

(국어)과 수행평가지

학년   반   번 이름 (   )

단원명	1. 비유하는 표현	차시	3/9	평가일	년 월 일
과제명	비유하는 표현을 살려 시 쓰기			평가자	(인)

활동 과제

※ 비유하는 표현을 생각하며 다음 시를 읽고 아래의 표를 정리해 봅시다.

봄비

해님만큼이나
큰 은혜로
내리는 교향악

이 세상
모든 것이 다
악기가 된다.

달빛 내리던 지붕은
두둑 두드둑
큰북이 되고

아기 손 씻던
세숫대야 바닥은

도당도당 도당당
작은북이 된다.

대상	비유하는 표현	비유한 까닭
(봄비)	교향악	4. (여러 소리가 섞여서)
이 세상 모든 것	3. (악기)	소리가 난다. / 연주의 주체이다.
(지붕)	큰북	소리가 크다.
세숫대야 바닥	작은북	소리가 작다.

아래 연습 문제에서도 긴 호흡의 문장을 굳이 쓸 필요가 없습니다. 2번 문항의 답을 보면

  ▶ 물방울이 더 많이 맺히는 식물: 잎을 그대로 둔 식물
  ▶ 물방울이 더 많이 맺히는 까닭: 잎이 물을 빨아들여서

이 표현으로 충분합니다. 굳이 '잎을 그대로 둔 식물이 물방울이 더 많이 맺힌다'라거나 '잎이 물을 빨아들여서 물방울이 더 많이 맺히게 된다'라고 문장으로 완성할 필요는 없습니다. 반복해서 문제의 지문을 그대로 따라 쓰는 친구들이 있는데 굳이 그럴 필요 없어요. 딱 필요한 문장만 써도 괜찮습니다. 길게 써야 좋은 답안이라는 생각을 버리세요. 길게 쓴 게 아니라 핵심이 들어간 것이 잘 쓴 답안입니다.

(과학)과 수행평가 기준안

영 역 명	생명			
성취 기준	식물의 전체적인 구조 관찰과 실험을 통해 뿌리, 줄기, 잎, 꽃의 구조와 기능을 설명할 수 있다.			
단 원 명	4. 식물의 구조와 기능	평가 시기		7월 2주
평가 방법	지필평가	평가 환경	대면	v
			zoom	

		평가 기준
평가 기준	매우 잘함	잎에 도달한 물의 이동을 알고, 증산 작용에 대해 설명할 수 있다.
	잘함	잎에 도달한 물의 이동은 알고 있으나, 증산 작용에 대해 설명하는 능력이 부족하다.
	보통	잎에 도달한 물의 이동을 알지 못하고 증산 작용에 대해서도 설명하는 능력이 부족하다.

	번호	이름	잎에 도달한 물의 이동 알기	잎에 도달하는 물의 이동 까닭 설명하기	비고
예시 답안					

(과학)과 수행평가지

학년 반 번 이름(   )

단원명	4. 식물의 구조와 기능	평가일	년 월 일

활동 과제

※ 잎을 제거한 식물과 잎을 그대로 둔 식물을 각각 물이 들어 있는 삼각 플라스크에 넣고 식물에 비닐봉지를 씌운 다음, 공기가 통하지 않도록 묶어 햇빛이 잘 드는 곳에 놓아두었습니다.

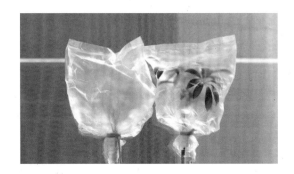

1. 위의 실험에서 같게 한 조건이면 '같', 다르게 한 조건이면 '다'라고 (   ) 안에 써 봅시다.

    (1) 물의 양 (같)

    (2) 잎의 개수 (다)

    (3) 햇빛의 양 (같)

    (4) 식물의 종류와 크기 (같)

2. 시간이 지나면서 잎을 제거한 식물과 잎을 그대로 둔 식물 중 어느 식물의 비닐봉지 안에서 물방울이 더 많이 맺히는지, 또 그 까닭은 무엇인지 써 봅시다.

    ▸ 물방울이 더 많이 맺히는 식물: 잎을 그대로 둔 식물

    ▸ 물방울이 더 많이 맺히는 까닭: 잎이 물을 빨아들여서

3. 뿌리에서 흡수한 물이 식물의 기공을 통하여 빠져나가는 현상을 '증산 작용'이라고 합니다. 증산 작용이 활발하게 일어나는 알맞은 조건에 ◯표를 해 봅시다.

    (1) 날씨가 (따뜻하고 맑을수록 , 서늘하고 흐릴수록) 잘 일어납니다.

    (2) 바람이 (많이 , 적게) 불수록 활발하게 일어납니다.

세 번째 문제는 연소의 조건을 찾는 문제입니다. 이번에는 반대로 너무 필요한 답만 쓴다고 해서 간단하게 답을 쓴 경우입니다. 귀찮아서 같기도 하고, 하기 싫은 것 같은 느낌을 주네요. 제대로 설명도 다 하지 않으면서 답변의 길이는 짧습니다.

문제는 핵심 내용입니다. 두 번째 문제는 물방울이 더 많이 맺히는 식물을 고르는 것입니다. 잎을 그대로 둔 식물과 잎을 제거한 식물 둘 중에서 고르면 답이 됩니다. 아래 문제는 물질이 탈 때 나타나는 공통적인 현상을 설명하라고 되어 있습니다. 간단하게 선택할 사항이 아니라, 관찰한 내용을 설명할 수 있어야 해요. 간단히 쓴다는 이유로 단편적인 사항만 적고 끝냈습니다. 간단하게 요약하고 정리했다는 느낌보다는 성의 없다는 표현이 맞겠지요. 이걸 보고 좋은 평가를 주고 싶은 마음은 생기지 않을 거예요. 주제를 좁혀 간략하게 정리하여 쓴다고 해도 핵심 내용이 빠져서는 제대로 된 답변을 할 수 없습니다. 연소의 조건을 빠트리지 말고 써야 합니다. 물론 맞는 답을 써야 하는 것은 두말할 필요도 없지요.

(6)학년 (2)학기 (과학)과 수행평가 기준안

영 역 명	물질			
성취 기준	물질이 탈 때 나타나는 공통적인 현상을 관찰하고, 연소의 조건을 찾을 수 있다.			
단 원 명	3. 연소와 소화	평가 시기		12월 2주
평가 방법	지필평가	평가 환경	대면	v
			zoom	
평가 기준	평 가 기 준			
	매우 잘함	연소의 개념과 연소의 조건을 설명할 수 있다.		
	잘함	연소의 개념은 알고 있으나 연소의 조건을 설명하지 못한다.		
	보통	연소의 개념과 연소의 조건을 설명하지 못한다.		

(과학)과 수행평가지

단원명	3. 연소와 소화
과제명	연소의 개념과 연소의 조건 설명하기
활동 과제	

1. 물질이 공기 중의 산소와 빠르게 반응하여 열과 빛을 내는 현상을 무엇이라고 합니까?
   (연소)

2. 아래 그림과 같이 초 두 개에 불을 붙이고 크기가 다른 아크릴 통으로 동시에 촛불을 덮었더니 작은 아크릴 통 속의 촛불이 먼저 꺼졌습니다. 이런 결과가 나타난 까닭은 무엇입니까?

	통이 작을수록 산소도 조금이라서

3. 아래 그림과 같이 성냥의 성냥골을 잘라 일정한 간격으로 철판에 올려놓고 철판의 한쪽 끝을 가열하였더니 알코올램프의 불꽃에서 가장 가까운 성냥골에 불이 먼저 붙었습니다. 그 까닭은 무엇입니까?

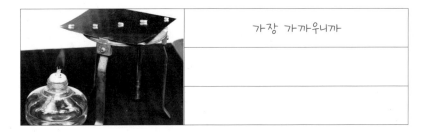

	가장 가까우니까

4. 물질이 계속 타기 위해 필요한 조건을 3가지 쓰시오.

   탈 물질이 커야 된다. 산소가 많아야 된다. 온도가 높아야 된다.

마지막 문제는 깔끔하게 답에 해당하는 단어를 쓰면 됩니다. 간단한 문제이니만큼 쉽게 풀 수 있겠지요. 다만 잘 읽을 수 있게 깔끔하게 철자에 맞춰서 쓰면 됩니다. 아는 것도 틀리지 않도록 꼼꼼하게 체크해서 작성하세요. 뻔히 아는 답인데 옮겨 쓰는 과정에서 틀리면 너무 아깝잖아요. 몇 번을 강조해도 지나치지 않은 내용입니다.

5학년 1학기 영어과 수행평가 기준안(경복초)

2022학년도   5학년 1학기

영 역 명	4. What's Your Favorite Subject?					
평가 내용	좋아하는 과목과 인물을 묻고 답하는 문장 쓰기					
성취 기준	구두로 익힌 문장을 쓸 수 있다.					
영 역	쓰기	평가 유형	서답형	평가 시기		7월 2주
평가 방법	지필평가			평가 환경	대면	v
					zoom	
평가 기준	평 가 기 준					
	매우 잘함	좋아하는 과목과 인물을 묻고 답하는 문장을 철자법과 문장 부호를 바르게 사용하여 쓸 수 있다.				
	잘함	좋아하는 과목과 인물을 묻고 답하는 문장을 철자법과 문장 부호의 대부분을 바르게 사용하여 쓸 수 있다.				
	보통	좋아하는 과목과 인물을 묻고 답하는 문장의 일부를 주어진 낱말을 이용하여 쓸 수 있다.				
	노력 요함	좋아하는 과목과 인물을 묻고 답하는 문장을 주어진 낱말을 이용하여 쓰는 데 어려움을 보인다.				

예시 답안

※ 예시문과 의미가 일치하도록 빈칸에 들어갈 낱말을 보기에서 골라 쓰세요.

① 무슨 과목을 좋아합니까?

What's your favorite subject ?

② 내가 좋아하는 과목은 수학입니다.

My favorite subject is math .

③ 어떤 음악가를 좋아하세요?

Who's your favorite musician ?

④ 나는 모차르트를 좋아합니다.

My favorite musicia is Mozart.

4. What's Your Favorite Subject?
-좋아하는 과목과 인물에 관한 문장 쓰기-

학년   반   번 이름

※ 예시문과 의미가 일치하도록 빈칸에 들어갈 낱말을 보기에서 골라 쓰세요.

보기

What's   math   subject   musician   Who's

① 무슨 과목을 좋아합니까?

what's your favorite subject ?

② 내가 좋아하는 과목은 수학입니다.

My favorite subject is math .

③ 어떤 음악가를 좋아하세요?

who's your favorite musician ?

④ 나는 모차르트를 좋아합니다.

My favorite musician is Mozart.

1) 설명하는 글쓰기 (청원초 5-1)

영역	쓰기	
관련 단원	3. 글을 요약해요	
국가 수준 성취 기준	목적이나 대상에 따라 알맞은 형식과 자료를 사용하여 설명하는 글을 쓴다.	
평가 내용	목적이나 대상의 특징에 알맞은 설명 방법을 생각하며 설명하는 글을 쓴다.	
성취 수준	매우 잘함	목적이나 대상의 특징에 알맞은 설명 방법에 따라 내용을 정리하고 설명하는 글을 쓸 수 있다.
	잘함	목적이나 대상의 특징에 알맞은 설명 방법을 생각하며 설명하는 글을 쓸 수 있다.
	보통	대상의 특징을 생각하며 설명하는 글을 쓸 수 있다.
	노력 요함	대상의 특징에 알맞은 설명 방법을 떠올리지 못하고, 설명하는 글을 쓰는 데 어려움이 있다.
평가 방법	논술평가	

국어 수행평가

설명하는 글쓰기

활동 과제

1. 엄마에 대해서 설명하는 글을 써 보세요.

_____

_____

_____

_____

_____

_____

_____

_____

_____

_____

_____

_____

_____

_____

_____

_____

_____

_____

설명하는 글쓰기는 대상에 따라서 다른 방법을 사용할 수 있습니다. 전체를 여러 부분으로 나누어 설명하는 분석은 대상을 짜임새 있게 설명하기에 좋아요. 일정한 기준으로 나눠서 설명하는 분류의 방법도 있습니다. 많은 종류의 대상을 나눌 때 좋은 설명 방법이지요.

두 가지 대상을 비교할 때는 공통점과 차이점을 나눠서 설명하기도 합니다. 사전에서 대상의 뜻을 찾아 쓰는 정의의 방법도 있지요. 마지막으로 예시를 통해 설명하기도 합니다. 우리 엄마에 대해서 설명하는 글을 쓰려면 어떤 설명의 방법을 사용하면 좋을까요? 엄마의 겉모습을 설명할 때와 성격이나 행동 특성을 설명할 때 다른 설명법을 사용할 수 있겠지요. 엄마의 특징을 잘 살릴 수 있는 설명 방법이 무엇일까 고민해서 설명해 보세요. 엄마가 주로 하는 행동이나 모습들을 설명하면서 엄마의 특징을 잘 나타낼 수 있을 거예요. 무엇보다 엄마에 대한 애정이 담겨 있다면 더욱 좋은 설명글이 될 것입니다. 애정이 있는 대상은 관심을 갖고 관찰하게 되니까요. 특징을 쉽게 찾아낼 수 있겠지요. 엄마의 어떤 점을 특징적으로 설명할지 기대가 되는군요. 엄마가 이 수행평가 책에서 가장 관심을 가지고 답변을 찾아 읽을 것 같아요.

2) 현실과 작품 비교하기 (대도초 5-2)

영역	문학	
단원	5. 여러 가지 매체 자료	
교육과정 성취 기준	작품 속 세계와 현실 세계를 비교하며 작품을 감상한다.	
평가 내용 및 기준	잘함	작품의 내용과 표현 방법을 잘 파악하고, 현실 세계 속 우리 모습과 비교하여 작품을 심도 있게 이해할 수 있다.
	보통	작품의 내용과 표현 방법을 파악하고, 현실 세계 속 우리 모습과 비교하여 작품을 이해할 수 있다.
	노력 요함	작품의 내용과 표현 방법을 파악하나, 현실 세계와 비교하며 작품을 감상하지 못한다.
평가 방법	서술형평가, 자기평가	

현실과 작품 비교하기

활동 과제

1. 작품 하나를 골라서 작품 속 모습과 현실 세계 모습을 비교해 보세요.

소개할 작품	
작품 속 모습	현실 세계 모습

꿀샘의 꿀팁

　아는 만큼 보인다고 하지요. 내가 잘 알고 있는 작품을 하나 선정해서 현실과 비교해 보는 과제입니다. 잘 알고 있거나 관심 있는 세계를 표현하는 작품을 선정하는 게 좋겠어요. 내가 모르는 내용은 제대로 쓸 수가 없잖아요. 금방 티가 나거든요. 내가 알고 있는 내용을 잘 간추려서 쓰기만 해도 충분합니다. 알지도 못하는 것을 아는 것처럼 부풀리지 않도록 조심하세요.

　내가 관심 있는 분야가 등장하는 작품을 선정하는 겁니다. 평소에 과자나 사탕에 관심이 많고 좋아한다면 과자나 사탕 모양을 묘사하는 작품을 고를 수 있겠어요. 그 묘사가 현실의 모습과 얼마나 다른지 비교하는 거죠. 때로는 내가 관심 있는 장소에 대해서 묘사하는 부분을 가져와도 좋겠어요. 역사에 관심이 많아서 고궁 가는 걸 즐기는 친구라면 왕궁을 설명하는 부분을 가져와서 비교하면 되겠지요. 시장의 모습이나 마트, 지하철 등 자신이 관심 있는 분야를 선정하세요. 그 부분을 현실 세계와 비교하면 어렵지 않게 글을 쓸 수 있을 것입니다.

　지금 내가 관심 있고 알고 있는 부분을 가지고 과제를 작성하는 것이 쉽게 접근하는 방법임을 잊지 마세요. 이미 나는 아는 것이 충분하다는 것을 의심하지 마세요.

3) 고려의 건국과 후삼국 통일 (성동초 5-2)

성취 기준	고려를 세우고 외침을 막는 데 힘쓴 인물(왕건, 서희, 강감찬 등)의 업적을 통하여 고려의 개창과 외침 극복 과정을 탐색한다.	
평가 내용	고려의 건국과 후삼국 통일 과정 설명하기	
평가 내용 및 기준	월등함	고려의 건국과 후삼국 통일 과정에 대해 잘 알고 있으며, 왕건이 어떻게 고려를 다스렸는지 3가지 이상 서술할 수 있음.
	우수함	고려의 건국과 후삼국 통일 과정에 대해 알고 있으며, 왕건이 어떻게 고려를 다스렸는지 2가지 이상 서술할 수 있음.
	양호함	고려의 건국과 후삼국 통일 과정에 대해 알고 있으며, 왕건이 어떻게 고려를 다스렸는지 1가지 이상 서술할 수 있음.
	보통임	고려의 건국과 후삼국 통일 과정에 대해 알지 못하며, 왕건이 어떻게 고려를 다스렸는지 서술하지 못함.

사회 수행평가

고려의 건국과 후삼국 통일

활동 과제

1. 고려의 건국 과정에 대해서 설명해 보세요.

_____

_____

_____

_____

_____

_____

2. 왕건의 고려 통치 정책을 세 가지 이상 설명해 보세요.

_____

_____

_____

_____

_____

_____

_____

_____

_____

꿀샘의 꿀팁

5학년에 역사를 배우기 전에 많은 역사책을 읽었을 겁니다. 만화로 된 것이든, 줄글이든, 역사 영화를 보았든 역사에 관한 지식을 갖고 있을 거예요. 이 과제는 수업 시간에 배운 내용과 기존에 본인이 가지고 있던 배경지식을 통합해서 과제를 작성하면 됩니다. 그런데 배경지식은 한 번쯤은 의심해 보고 확인해 본 다음 써야 합니다. 내가 분명히 책에서 봤던 내용이지만 정확한지 확인 후 작성해야 한다는 거예요. 기억이라는 것이 정확하지 않을 수 있거든요. 어설프게 기억하고 있었던 것을 실제 지식과 버무려 쓰다 보면 정확하지 않은 지식을 쓰는 경우도 생겨요. 책에 나오지 않은 자신의 배경지식을 활용할 때는 한 번 더 확실하게 살펴보고 내용을 삽입하도록 하세요. 특히 경험 글쓰기가 아닌 역사적 지식을 적어야 하는 이런 과제의 경우는 더욱 그래야 해요. 우리가 역사에 대해서도 선입견을 갖고 있을 수 있거든요. 왕건에 대해서 긍정적인 생각을 가진 친구도 있지만 반대의 경우도 있어요. 부정적인 인식을 가지고 시작하면 왕건의 정책을 축소해서 기억하고 본인도 모르는 의도가 생길 수 있어요. 그런 자신의 태도를 살피고 글을 쓰기는 어려우니까 정확한 배경지식을 확인한 후 과제에 덧붙일 수 있도록 신경 쓰면 좋겠습니다.

4) 나라를 지킨 인물 (대도초 5-2)

영역	정치 · 문화사
단원	2. 사회의 새로운 변화와 오늘날의 우리
교육과정 성취 기준	일제의 침략에 맞서 나라를 지키고자 노력한 인물(명성황후, 안중근, 신돌석 등)의 활동에 대해 조사한다.
평가 내용 및 기준	잘함	일제의 침략에 맞서 나라를 지키고자 노력한 주요 인물의 활동을 조사하고 관련된 역사적 사건과 의의를 설명할 수 있다.
	보통	일제 침략에 맞서 나라를 지키고자 노력한 주요 인물의 활동을 조사할 수 있으나 관련된 역사적 사건과 의의를 설명하는 데 어려움이 있다.
	노력 요함	일제 침략에 맞서 나라를 지키고자 노력한 주요 인물의 활동에 대한 조사가 미흡하다.
평가 방법	보고서 평가

사회 수행평가

나라를 지킨 인물

활동 과제

1. 일제의 침략에 맞서 싸운 인물의 활동을 조사하고 관련된 역사적 사건과 의의를 설명해 보세요.

인물 활동	역사적 사건	의의

130

꿀샘의 꿀팁

일제의 침략에 맞서 나라를 지키고자 노력한 주요 인물의 활동을 조사하고 관련된 역사적 사건과 의의를 설명하는 것이 평가의 목표입니다. 주요 인물의 활동을 조사할 때 어떤 기준으로 활동을 정할까요? 인물의 주요 업적이라고 말할 수 있는 활동을 정합니다. 인물의 성장 배경이나 가족사에 대한 이야기까지 길게 나열하는 친구들이 있어요. 이것은 주요 업적과도 관계없는 인물의 개인사지요. 이런 부분을 쓰지 않도록 주의하세요.

역사적 사건과 의의도 마찬가지입니다. 역사에 지대한 영향을 준 사건 위주로 선택하는 겁니다. 작은 업적들이야 많고 많겠지요. 답안 작성 공간은 정해져 있어요. 인물 관련 내용을 모두 적을 수는 없습니다. 선택과 집중이 필요한 시간이지요. 가장 먼저 위대한 업적을 적는 것을 원칙으로 하세요. 앞머리 쪽에 중요한 내용이 자리 잡아야 합니다. 인물에 대한 설명이나 역사적 사건에 대한 이야기 모두 두괄식 문장 구성으로 작성하도록 말이죠. 정해진 시간에 답을 쓸 때 유리하고 깔끔한 정리 방법이랍니다.

5) 고려 시대 과학 기술의 우수성 (세륜초 5-2)

단원	1-2. 독창적 문화를 발전시킨 고려		
성취 기준	고려청자와 금속활자, 팔만대장경 등의 문화유산을 통해 고려 시대 과학 기술과 문화의 우수성을 탐색한다.		
평가 내용	고려 시대 과학 기술과 문화의 우수성을 설명하기		
영 역	역사	평가 시기	9월
평가 방법	관찰, 서술평가	평가 대상	개인
평가 기준	상	고려청자와 금속활자, 팔만대장경 등의 문화유산에 대한 다양한 역사 정보를 비교·분석해 고려 시대 과학 기술과 문화의 우수성을 설명할 수 있다.	
	중	고려청자와 금속활자, 팔만대장경 등의 문화유산에 대한 역사 정보를 활용해 고려 시대의 과학 기술과 문화의 우수성을 제시할 수 있다.	
	하	역사 정보를 활용해 고려청자와 금속활자, 팔만대장경 등 대표적인 문화유산에 대해 제시할 수 있다.	
평가상의 유의점	문화유산의 뛰어난 점만을 암기하는 것이 아니라 이후 시대에 끼친 영향력을 종합적으로 생각할 수 있도록 지도한다.		

고려 시대 과학 기술의 우수성

활동 과제

1. 고려청자, 금속활자, 팔만대장경을 비교 분석해 보세요.

고려청자	금속활자	팔만대장경

2. 고려 시대 과학 기술과 문화의 우수성에 대하여 설명해 보세요.

꿀샘의 꿀팁초

　　고려청자와 금속활자, 팔만대장경 등의 문화유산에 대한 다양한 역사 정보를 비교·분석할 때 공통점과 차이점을 먼저 찾아보세요. 그다음 각각의 고유한 특징을 조사해서 적어 보는 거지요. 세 가지가 어떤 특징이 있는지를 나열하는 건데요. 이때 주의할 것은 셋의 차이점이 잘 드러나도록 하는 거예요. 고려 시대 과학 기술과 문화의 우수성을 설명하는 문화유산이라는 공통점 말고 셋을 왜 위대한 문화유산이라고 부를 수 있는지 구분할 수 있는 다른 특징을 도드라지게 정리하는 거예요. 그래야 고려 과학 기술과 문화유산의 특징을 잡아내는 데 도움이 된답니다. 세 가지의 특징이 잘 도드라질 때 고려에 대해서 정리할 수 있으니까요. 따로 고려 시대 과학 기술과 문화유산의 특징을 찾으려고 하지 말구요. 마지막 문제의 답안은 자신이 적은 답안에서 정리해 주는 것으로 마무리하세요. 각각의 문화유산에 대한 조사가 잘 이뤄지면 특징을 한꺼번에 뽑아내서 정리하는 데 도움이 될 거예요. 각각의 요소가 잘 정돈되어 있으면 전체가 아름답게 보이는 것과 같은 이치지요. 한 문제 한 문제 허투루 생각하지 말고요. 정성을 들여 답을 작성하세요.

6) 조선 건국의 주요 인물 (세륜초 5-2)

단원	1-3. 민족 문화를 지켜나간 조선	
성취 기준	조선을 세우거나 문화 발전에 기여한 인물(이성계, 세종대왕, 신사임당 등)의 업적을 통해 조선 전기 정치와 민족 문화의 발전상을 탐색한다.	
평가 내용	조선을 세우거나 문화 발전에 기여한 주요 인물을 활동을 중심으로 설명하기	
핵심 역량	지식 정보 처리 역량, 공동체 역량	
평가 기준	상	조선을 세우거나 문화 발전에 기여한 주요 인물의 활동을 중심으로 조선 전기 정치와 문화의 특징을 사례를 들어 설명할 수 있다.
	중	조선을 세우거나 문화 발전에 기여한 주요 인물의 활동을 중심으로 조선 전기 정치와 문화의 특징을 제시할 수 있다.
	하	조선을 세우거나 문화 발전에 기여한 주요 인물의 활동에 대해 말할 수 있다.
평가상의 유의점	조선 사회의 성리학적 질서와 신분제를 현재의 관점이 아닌 그 당시의 유물, 사료 중심으로 이해하도록 한다.	

사회 수행평가

조선 건국의 주요 인물

활동 과제
1. 조선을 세운 인물의 활동을 중심으로 인물을 소개해 보세요.

2. 조선의 문화 발전에 기여한 주요 인물(세종대왕, 신사임당 등) 중 한 명을 활동 중심으로 소개해 보세요.

3. 조선 전기의 정치와 문화의 특징에 대해 예를 들어 설명해 보세요.

꿀샘의 꿀팁

　　연이어 인물의 활동이나 특징을 중심으로 그 시대상을 정리하는 문제들이 제시되고 있습니다. 그만큼 인물들이 시대상에 큰 반영을 해 주었기 때문인데요. 각각의 인물들의 특징을 잘 정리하면요. 마지막 답지인 조선 전기의 정치와 문화 특징에 대해서는 정리만 하면 되는 유형이라 자주 제시되는 문제 형태입니다.

　　다만 이 문제에서는 평가 시 유의할 사항이 제시되어 있어요. 철저하게 지금의 관점에서 평가하지 말고 그 시대상을 놓고 평가하라는 것입니다. 역사는 후대의 시선에 따라서 어느 방향으로 평가되는지가 정해지지요. 어떤 사관을 가지고 정리하느냐가 중요한 것인데요. 사관을 갖고 해석하지 말고 철저하게 그 시대의 유물과 사료를 중심으로 작성해야 합니다. 훗날 사람들의 평가가 아닌 정확한 사료를 바탕으로 한 평가를 원하는 건데요. 이때 정확한 자료를 그대로 읽어 주는 요령이 필요할 거예요. 내 마음대로 해석하는 것이 아니라 자료를 바탕으로 자료의 내용을 그대로 표현하는 것입니다. 조사 자료의 의견을 골라내고 과제를 완성하는 겁니다. 내 생각을 덧붙이지 말고요. 정확히 자료로 글을 쓰는 것이 지금 전략에서 강조하고 있는 깔끔한 주제 정리 팁과 통하네요.

7) 좋아하는 과목과 인물을 묻고 답하는 문장 쓰기 (경기초 5-1)

단원	4. What's Your Favorite Subject?	평가시기	5월 2주
성취 기준	구두로 익힌 문장을 쓸 수 있다.		
평가 내용	좋아하는 과목과 인물을 묻고 답하는 문장 쓰기		
유의점	좋아하는 과목과 인물을 묻고 답하는 문장을 철자법과 문장부호를 바르게 사용하여 쓸 수 있는지 평가한다. 알아보기 힘든 글자가 있으면 오답으로 처리한다.		
평가 기준	매우 잘함	좋아하는 과목과 인물을 묻고 답하는 문장을 철자법과 문장부호를 바르게 사용하여 쓸 수 있다.	
	잘함	좋아하는 과목과 인물을 묻고 답하는 문장을 철자법과 문장부호의 대부분을 바르게 사용하여 쓸 수 있다.	
	보통	좋아하는 과목과 인물을 묻고 답하는 문장의 일부를 주어진 낱말을 이용하여 쓸 수 있다.	
	노력 요함	좋아하는 과목과 인물을 묻고 답하는 문장을 주어진 낱말을 이용하여 쓰는 데 어려움을 보인다.	

영어 수행평가

좋아하는 종목과 선수에 묻고 답하기

활동 과제

보 기

What's   soccer   sports   player   Who's

① 무슨 운동을 좋아합니까?

_____ your favorite _____ ?

② 내가 좋아하는 운동은 축구입니다.

My favorite _____ is _____ .

③ 어떤 선수를 좋아하세요?

_____ your favorite _____ ?

④ 나는 손흥민을 좋아합니다.

My favorite _____ is 손흥민.

꿀샘의 꿀팁

　비교적 쉬운 영어 괄호 넣기 문제입니다. 골라서 쓸 수 있는 단어도 무척 쉬운 수준이네요. 다만 유의 사항을 보세요. 꿀샘이 꿀팁에서 강조한 내용을 한 번 더 짚어 주고 있습니다. 수행평가에서 진짜 중요한 것이 무엇인지 알려 주는 것 같아요. 물론 이 문제는 정확한 답을 쓰는 것이 제일 중요합니다. 정확한 답을 어떻게 쓰느냐가 중요한 거죠. 철자에 맞춰서 쓰고 알아보기 쉽게 쓰라고 되어 있습니다. 글자를 날려 쓰거나 철자가 틀리면 아무리 쉬운 문제라도 만점을 받지 못합니다. 수행평가는 만점에서 점수를 깎아 나가는 방식으로 점수를 줍니다. 최대한 점수가 깎이지 않아야 하는데요. 위와 같은 유의 사항을 조심하지 않으면 점수를 깎일 수밖에 없습니다. 정성들여 쓴 글씨와 바른 철자법은 수행평가에서 몇 번을 강조해도 지나치지 않는 기본적인 유의 사항이랍니다. 어떤 수행평가에 임하든 그 기본을 지킬 수 있도록 연습하세요.

수행평가 전략 06

다양한 경험을 녹여 내라.

자신의 경험을 바탕으로 글쓰기를 하는 수행평가 문제는 자주 등장하는 단골 문제입니다. 여러분은 경험을 쓰라고 하면 머리가 더 아파지지요. 도대체 어떤 경험을 써야 할지 난해하거든요. 그냥 무엇을 쓰라고 주제를 정해 주는 게 쉬울 거예요.

자신만의 이야기를 써낼 수 있는 사람이 필요해요. 쓰기 교육을 강조하는 이유죠. 메신저 대화나 하다못해 문자 하나를 쓰더라도 자신의 생각을 정확하게 쓸 수 있어야 대화가 되잖아요. 자신의 일상에 대한 생각 쓰기는 우리 삶에서 피할 수 없는 주제니까 수행평가 과제에서부터 연습하는 거지요. 이번 전략은 다양한 경험을 과제에 녹여 내는 것입니다. '나는 특별한 경험이 없는데'라며 망설이는 친구들 있을 거예요. 내가 경험한 것이 특별한 것입니다. 소소한 일상이 무엇보다 특별해요. 여러분은 시시하게 생각하겠지만 아닙니다. 보통의 경험이 얼마나 특별한 것인지 이번 전략을 통해서 느낄 수 있었으면 좋겠네요.

자신의 경험을 이야기로 풀어내는 문제입니다. 겪은 일을 주제와 흐름에 맞게 내용을 조직하는지를 보는데요. 주제를 생각하는 과정과 주제의 참신성을 고려해 이야기를 어떻게 완성도 있게 써 보는지 평가하겠다고 되어 있네요. 학생의 답안을 보며 함께 평가해 보세요.

국어 수행평가 기준안

5학년 1학기

영 역 명	10. 주인공이 되어			평가 시기	7월 4주
평가 내용	겪은 일을 이야기로 쓰기				
성취 기준	일상생활의 경험을 이야기나 극의 형식으로 표현한다.				
영 역	문학	평가 유형	서술형	대상	개인
준비물	필기구				
유의점	● 국어과 교수학습과정(319~325쪽)과 연계해서 평가할 수 있다. ● 겪은 일을 주제와 흐름에 맞게 내용을 조직하여 이야기로 쓸 수 있는지 평가한다. ● 겪은 일로 주제를 생각하는 과정과 주제의 참신성을 고려해 이야기 주제의 완성도를 종합적으로 평가에 반영한다.				
평가기준	매우 잘함	겪은 일을 바탕으로 하여 주제와 흐름에 맞게 내용을 조직해서 주제가 잘 드러나게 이야기로 쓸 수 있다.			
	잘함	겪은 일을 바탕으로 하여 주제가 드러나게 이야기로 쓸 수 있다.			
	보통	겪은 일의 내용이 드러나게 간단한 이야기로 쓸 수 있다.			
	노력 요함	겪은 일을 간단한 이야기로 쓸 수 있다.			

예시 답안

[관찰 기록 체크리스트 예시]

< '겪은 일을 이야기로 쓰기' 교사용 체크리스트 >

《평가 항목》

① 자신의 경험을 주제가 잘 드러나게 썼는가?

② 읽는 사람이 이해할 수 있게 때와 장소의 변화를 잘 나타냈는가?

③ 나타내고자 하는 생각과 경험을 글에 잘 나타냈는가?

번호	이름	평가 항목 ①	평가 항목 ②	평가 항목 ③	결과
1	이현주	3	3	3	상
2	이현옥	2	2	3	중
3	이현경	1	2	1	하

국어 수행평가

10. 주인공이 되어

-겪은 일을 이야기로 쓰기-

학년   반   번   이름(   )

※ 기억에 남는 일을 떠올려 자신이 주인공인 이야기를 써 봅시다.

한 1년 전 일이다. 우리 가족은 우리 집 앞에 있는 공원을 돌면서 산책을 하고 있었다. 그러다가 내 동생이 저기 귀여운 고양이가 풀숲 사이에 있다고 말했다. 그런데 그 고양이의 시선을 따라가 보니 그곳에는 다리를 다친 새 한 마리가 있었다. 그 새는 다리를 다쳤음에도 계속 날아가 보려고 시도를 하고 있었다. 하지만 그 새는 계속 날아가려다 떨어지고 다시 떨어지고를 반복했다. 그제야 우리 가족은 그 고양이가 새를 먹으려고 계속 지켜보고 있었다는 걸 깨달았다. 그 새는 계속 여기 있다가는 야생 동물들에게 잡아먹힐 게 분명했다. 그래서 우리 가족은 다친 동물을 치료할 수 있는 곳들 중 지금 여는 곳을 찾아봤다. 하지만 그때는 아주 늦은 저녁이었기에 아직 문을 여는 곳이 없었다. 그래서 우리는 일단은 새를 우리 집에 데려다 놨다가 내일 아침에 동물병원에 데리고 가기로 했다. 먼저 동생과 내가 집에 새를 담을 상자를 가지러 집에 갔다 왔다. 어떻게 해서 새를 상자에 들어가게 한 다음, 우리는 새를 집안으로 데리고 왔다. 먼저 우리는 상자에 수건을 깔아준 뒤, 물과 새가 먹을 만한 것들을 종이컵을 잘라서 그 안에 넣고 상자 안에 넣어 줬다. 조금 시간이 흐른 다음, 내가 새를 들어올려 새의 다친 다리에 약을 발라줬다. 그다음에, 우리는 새가 나아지기를 바라면서 잠자리에 들었다. 다음 날 아침, 우리는 일어나자마자 새의 상태를 가장 먼저 보았다. 새는 가만히 있었다. 더 자세히 살펴보다가 우리는 결론을 내렸다. 새는 어젯밤 우리가 자고 있을 때 죽었던 것이다. 우리는 새를 잘 묻어 줬다. 그리고 새의 명복을 기원하며 기도했다. 나는 지금도 새가 천국에서 행복하게 지내기를 바랄 뿐이다.

다친 동물을 보거나 돌봤던 경험, 어린 시절 누구에게나 한 번쯤 있었음직한 일입니다. 요즘은 워낙 반려동물들이 많으니까요. 유기된 동물이나 야생에서 살고 있는 동물들을 보게 되죠. 대도시 한복판에서도 갑자기 길을 건너는 동물들을 보게 되니까요. 누구나 한번은 경험해 본 이야기인데 그 이야기로 경험담을 썼습니다. 처음 목격한 죽음 이야기이기에 의미가 있었을 것 같아요. 접속사를 많이 쓰긴 했지만 느낌을 담담하게 잘 표현했습니다.

한 가지 아쉬운 점이 있다면 자신이 주인공인 이야기를 써 보라고 했지요. 제목도 '주인공이 되어'이고요. 그런데 이 이야기는 자신보다는 새가 주인공인 이야기예요. 문제를 제대로 읽지 않고 문제에 맞지 않는 글을 썼군요. 물론 평가 기준인 '겪은 일을 바탕으로 하여 주제와 흐름에 맞게 내용을 조직해서 주제가 잘 드러나게 이야기로 쓸 수 있다.'에 어긋나지는 않습니다. 세 가지 평가 항목인 자신의 경험을 주제가 잘 드러나게 썼는가? 읽는 사람이 이해할 수 있게 때와 장소의 변화를 잘 나타냈는가? 나타내고자 하는 생각과 경험을 글에 잘 나타냈는가에도 크게 벗어나진 않아요.

문제는 자신이 주인공인 이야기잖아요. '자신이 만약 새였다면 어땠을까?'라는 느낌을 쓰거나 다친 새로 빙의되어 마음을 썼다면 조금 더 재미있고 주제에 맞는 이야기가 되었을 거 같아요. 이처럼 수행평가를 할 때는 문제에서 제시한 것이 무엇인지 정확히 파악하고 쓰는 것이 필요합니다. 열심히 썼는데 문제와 다른 답이어서 감점이 된다면 안타깝고 속상하잖아요. 문제를 잘 읽어 보고 답을 작성하세요.

다음은 세계 시민으로서 지속 가능한 미래를 위해 우리가 할 수 있는 일을 써 보는 거네요. 기준안의 예시에서도 볼 수 있듯이 우리가 생활에서 접할 수 있는 여러 가지 방법을 쓰면 됩니다. 평소에 자주 쓰레기 분리수거를 했다거나 음식물 설거지를 해본 친구라면 더 쉽게 경험담을 적어볼 수 있겠지요. 삶에서 경험하는 것들이 다양한 방식으로 평가에 반영될 수 있는 예시네요. 세상을 살면서 쓸데없는 경험은 없습니다. 모든 경험이 삶에 도움이 되지요. 우리가 책상에 앉아서 공부만 할 것이 아니라 일상에서 많은 경험을 하는 것이 필요한 이유예요.

사회 수행평가 기준안

5학년 1학기

단원명	2. 통일 한국의 미래와 지구촌의 평화		평가 시기	2월 2주
평가 내용	세계 시민으로서 지속 가능한 미래를 위해 일상생활에서 할 수 있는 일을 알고 실천하기			
성취 기준	지속 가능한 미래를 건설하기 위한 과제(친환경적 생산과 소비 방식 확산, 빈곤과 기아 퇴치, 문화적 편견과 차별 해소 등)를 조사하고, 세계 시민으로서 이에 적극 참여하는 방안을 모색한다.			
영 역	지속 가능한 세계	평가 유형	서술형	대상	개인
준비물	필기구			
유의점	• 세계 시민으로서 지속 가능한 미래를 위해 일상생활에서 할 수 있는 일을 알고 실천할 수 있는지 평가한다. • 1번 문항에서 지속 가능한 미래를 위해서 실천할 수 있는 일은 본인이 스스로 적도록 한다. • 자신의 생활을 솔직하게 되돌아보며 반성할 수 있는지 확인한다.			

평가 기준	매우 잘함	세계 시민으로서 바람직한 마음 자세를 가지고 지속 가능한 미래를 위해 일상생활에서 할 수 있는 다양한 일을 찾아 꾸준히 실천한다.
	잘함	세계 시민으로서 지속 가능한 미래를 위해 일상생활에서 할 수 있는 다양한 일을 찾아 실천하려고 노력한다.
	보통	세계 시민으로서 지속 가능한 미래를 위해 일상생활에서 할 수 있는 일을 한두 가지 제시하고 실천하려고 노력한다.
	노력 요함	세계 시민으로서 지속 가능한 미래를 위해 일상생활에서 할 수 있는 일을 한두 가지 제시할 수 있다.

예시 답안

1. 세계 시민으로서 지속 가능한 미래를 위해 일상생활에서 우리가 할 수 있는 일을 써 봅시다.
● 물을 아껴 쓴다.
● 가능하면 대중교통을 이용한다.
● 재활용을 할 수 있는 물건은 최대한 분리수거를 한다.
● 불필요한 일회용품 사용을 되도록 하지 않는다.
● 빈곤과 기아 문제 해결을 위한 캠페인 활동에 적극 동참한다.

2. 나는 평소에 위에 있는 내용을 잘 실천하고 있는지 되돌아봅시다.
(아주 잘함: ☆, 잘함: ◎, 보통: ○, 부족: △)

평가	이유
○	물은 아끼지만 일회용품을 많이 사용한다.

3. 미래를 위해 앞으로 내가 좀 더 열심히 실천할 일들을 써 봅시다.
● 불필요한 일회용품 사용을 줄이겠다.

사회 수행평가

2. 통일 한국의 미래와 지구촌의 평화
-지속 가능한 미래를 위해 노력하기-

학년   반   번 이름(   )

1. 세계 시민으로서 지속 가능한 미래를 위해 일상생활에서 우리가 할 수 있는 일을 써 봅시다.

- 쓰레기 줄이기
- 일회용품 줄이기
- 배달 음식 되도록 먹지 않기
- 다른 나라에 대해 잘 알기
- 음식 남기지 않기

② 나는 평소에 위에 있는 내용을 잘 실천하고 있는지 되돌아봅시다.
(아주 잘함: ☆, 잘함: ◎, 보통: ○, 부족: △)

평가	이유
○	배달 음식을 많이 먹음

③ 미래를 위해 앞으로 내가 좀 더 열심히 실천할 일들을 써 봅시다.

공부 열심히 하기

답변을 보세요. 생활 속에서 지킬 수 있는 자신만의 노하우가 담긴 일들이 적혀 있네요. 이 친구는 한 번쯤은 쓰레기도 직접 버려 보고 음식물 쓰레기도 처리해 본 것 같아요. 생활에서 했던 다양한 경험들이 평가의 내용에 잘 녹아 있습니다. 다만 마지막에 내가 할 수 있는 일이 공부를 잘하기인데요. 갑자기 공부가 등장하죠. 아마 엄마가 평소에 공부를 많이 강조하는 친구인가 봅니다.

내가 할 수 있는 일을 적으라는 문항은 왜 들어갔을까요? 할 수 있는 중에서 진짜 실천하고 싶은 일을 골라 적으라는 뜻일 겁니다. 따로 더 생각해서 정답을 찾을 필요가 없어요. 이 친구는 답안을 작성하며 위에서 쓴 것 말고도요. 새로운 것을 더 많이 써야 할 것 같은 부담을 느낀 것 같아요. 하지만 위에 쓴 것으로 충분합니다. 답안을 작성하면서 답이 일맥상통하는지 체크해 볼 필요를 알겠지요. 퇴고하면서 한 번 더 봤다면 고쳤을 수도 있으니까요.

문학 작품을 읽고 그 내용을 나의 삶과 비교하는 문제도 출제되었습니다. 작품에서 얻은 깨달음을 나의 삶으로 가져와 내 것으로 만들기 위해서 내 생활과 비교해 보는 것이지요. 수행평가의 목적이 내 삶에 도움이 되는 지식을 늘리는 것이라는 점을 잘 살린 문제입니다.

(국어)과 수행평가 기준안

영 역 명	문학			
성취 기준	작품에서 얻은 깨달음을 바탕으로 하여 바람직한 삶의 가치를 내면화하는 태도를 지닌다.			
평가 내용	작품에 등장하는 인물의 삶을 이해하고 인물의 삶과 자신의 삶을 관련짓기			
단 원 명	1. 작품 속 인물과 나		평가 시기	9월 1주
평가 방법	관찰평가, 자기평가	평가 환경	대면	v
			zoom	
평가 기준	매우 잘함	작품에 등장하는 인물이 추구하는 삶을 잘 이해하고 자신의 삶과 관련지음.		
	잘함	작품에 등장하는 인물이 추구하는 삶을 잘 이해하고 자신의 삶과 비교적 잘 관련지음.		
	보통	작품에 등장하는 인물이 추구하는 삶을 비교적 잘 이해함.		
예시 답안	1. (예) 성실하게 노력하는 삶을 추구한다. 2. (예) 상수리가 비록 꿈을 꾸는 즐거움을 잠시 잊기는 했지만, 꿈을 이루려고 계속 노력한 것은 배울 점이라고 생각한다. 나는 아직 꿈을 갖지 못하였기 때문에 상수리처럼 꿈을 갖기 위해 여러 가지 경험을 많이 해 볼 것이다.			

(국어)과 수행 평가지

단원명	1. 작품 속 인물과 나	차시	7-8/10	평가일	년 월 일	
과제명	인물의 삶과 자신의 삶을 비교하며 작품을 읽고 자신의 생각 쓰기			평가자		(인)

활동 과제

※ 다음 글을 읽고 물음에 답해 봅시다.

　　"예전엔 내 피아노와 함께 꿈꾸는 게 참 즐거웠는데, 어느 순간부터는 그게 너무 힘든 일이 되어 버렸어. 아마 꿈을 꾸는 것보다 꿈을 이루고 싶은 마음이 더 커서 그랬나 봐. 꿈을 이루어 야만 행복해지는 줄 알았는데, 꿈은 이루기 위해 있는 게 아니구나. 왜 그걸 미처 몰랐을까?"

　　진진과 상수리는 바구니를 들고 노란 대문 집으로 갔다. 방으로 들어가 피아노 건반을 하나 씩 맞춰 끼웠다. 깨끗하게 씻은 건반들을 다시 갖춘 피아노는 기분이 좋아 보였다. 상수리는 피 아노 건반을 살포시 어루만졌다.

　　"피아노야, 넌 내가 훌륭한 피아니스트가 되길 바란 게 아니었지? 넌 아마 내가 행복한 피아 니스트가 되길 꿈꾸었을 거야. 근데 나는 그것도 모르고 너와 함께하는 시간이 지긋지긋해지도 록 연습만 하는 게 최선인 줄 알았으니……. 그동안 네가 얼마나 힘들었을까? 미안해. 정말 미 안해."

　　상수리는 피아노 의자를 당겨 앉았다. 그리고 건반 위에 두 손을 가만히 얹고, 지그시 누르며 작은 소리로 속삭였다.

1. 상수리가 추구하는 삶은 무엇인지 써 봅시다.

　　상수리는 행복한 삶을 추구한다.
　　_____

2. 상수리가 추구하는 삶과 자신의 삶을 비교하고 자신이 더 노력할 점을 써 봅시다.

　　나는 지금 행복한지 생각해 봤다. 나는 지금 꽤 행복하지만 그렇게 많이 행복하지는
　　않은 것 같다. 이제부터는 내 취미를 더 많이 즐기고 가족들과 더 많은 시간을 보내고 많은 이야
　　기를 해야겠다.

예시 답안을 보겠습니다. 상수리의 삶에 대해서 핵심을 잘 썼습니다. 자신의 삶과 비교하는 부분에서 노력할 점도 돋보이네요. 다만 '내 삶은 꽤 행복하지만 많이 행복하지는 않은 것 같다.'라는 표현은 애매하지요. '꽤 행복한데 많이는 아니다'라는 것은 행복한다는 건지 아닌지 분간하기가 어렵습니다. 분명하지 않은 표현을 썼네요. 애매한 표현을 쓰는 친구들이 종종 있어요. 애매하게 쓰면 뜻을 정확히 전달할 수 없습니다. 확실하게 하나만 선택해서 쓰세요. 솔직하게 쓰는 게 좋아요. 많이 행복하지 않다고 써도 괜찮습니다. 행복을 만들어 가면 되니까요. 부끄러워하지 말고 자신의 마음을 솔직하게 쓰세요. 괜히 그렇게 썼다가 선생님이 나를 이상하게 보실까 의식하지 말고요. 선생님을 의식하다가 솔직하지 못한 글을 쓰게 되면 그때부터 글이 꼬여 버려요. 하고 싶은 말을 할 수가 없으니까요. 솔직하게 써야 글에서 자신을 더 잘 보여 줄 수 있답니다.

1) 체험한 일 드러나게 기행문 쓰기 (대도초 5-1)

영 역 명	쓰기	
단원	7. 기행문을 써요	
교육과정 성취 기준	체험한 일에 대한 감상이 드러나게 글을 쓴다.	
평가 내용 및 기준	잘함	체험한 일에 대한 감상이 생생하고 자세하게 드러나도록 기행문을 쓸 수 있다.
	보통	체험한 일에 대한 감상이 드러나도록 기행문을 쓸 수 있다.
	노력 요함	체험한 일에 대한 기행문을 쓸 수 있으나 감상 내용이 드러나지 않는다.
평가 방법	서술형평가, 관찰평가	

체험한 일 쓰기

활동 과제

1. 여정, 견문, 감상이 드러나도록 기행문을 써 보세요.

_____

_____

_____

_____

_____

_____

_____

_____

꿀샘의 꿀팁

　　여정과 견문, 감상이 드러나도록 기행문을 써 보세요. 특히 평가 기준에 맞게 자신의 느낌이 잘 드러나게 쓰는 것이 중요합니다. 느낌을 쓰다 보면 요즘 많이 보이는 표현이 있어요. '~한 거 같다.'라고 쓰는 겁니다. '나는 좋았던 것 같다. 맛있었던 것 같다.'와 같은 표현입니다. 본인이 느낀 것임에도 불구하고 정확하게 표현을 안 합니다. 얼버무리며 표현하는 것을 좋은 글이 아닙니다. '나는 좋았다. 나는 맛있었다.'라고 써도 됩니다. 그것이 정확하게 자신의 느낌을 나타내는 거예요.

　　느낌을 나타내는 것조차 확실하게 표현하지 못한다면 자신의 속마음은 글로 어떻게 쓸 수 있을까요. 더 어려워질 거예요. 자신의 느낌을 망설이지 말고 소신 있게 쓰세요. 그렇게 써도 괜찮습니다. 나만이 경험한 여행담이잖아요. 좋았던 거나 나쁘거나 불편했던 점을 적나라하게 써야 재미있는 여행기가 됩니다. 여행기를 읽고 쓰는 이유는 어디에 어떤 것이 있는지 몰라서가 아닙니다. 그것을 보고 어떤 느낌을 받았는지, 어떤 특별한 일이 일어났는지가 궁금해서 읽고 쓰는 거잖아요. 그 경험을 특별하게 만드는 것은 있는 그대로의 느낌을 가감 없이 나타내는 것이랍니다.

2) 대응 관계 나타내기 (대곡초 5-1)

영 역 명	규칙성
단원	3. 규칙과 대응
성취 기준	한 양이 변할 때 다른 양이 그에 종속하여 변하는 대응 관계를 나타낸 표에서 규칙을 찾아 설명하고, 기호를 사용하여 식으로 나타낼 수 있다.
평가 기준	매우 잘함	생활 속에서 대응 관계를 정확하게 찾고 찾은 대응 관계를 기호를 사용하여 식으로 알맞게 나타내는 문제의 정답을 3~4개 찾을 수 있다.
	잘함	생활 속에서 대응 관계를 정확하게 찾고, 찾은 대응 관계를 기호를 사용하여 식으로 알맞게 나타내는 문제의 정답을 1~2개 찾을 수 있다.
	보통	생활 속에서 대응 관계를 정확하게 찾고, 찾은 대응 관계를 기호를 사용하여 식으로 알맞게 나타내는 문제의 정답을 찾을 수 없다.

수학 수행평가

대응 관계 나타내기

활동 과제

1. 표를 완성하고 ●와 ⊙ 사이의 관계를 식으로 나타내어 보세요.

●	1	2	3	4	5	6	7	······
⊙	2	4	6	8	10			······

▶ 정답: _____

2. 표를 완성하고 ☆와 ◎ 사이의 관계를 식으로 나타내어 보세요.

●	1	2	3	4	5	6	7	……
☉	20	19	18	17	16			……

▸ 정답: _____

3. 표를 완성하고 ▽와 ◆ 사이의 관계를 식으로 나타내어 보세요.

●	1	2	3	4	5	6	7	……
☉	2	4	8	16	32			……

▸ 정답: _____

4. 사자는 한 마리에 다리가 4개씩 있습니다. 사자의 수를 ☆, 사자 다리의 수를 ◎라고 할 때, ☆와 ◎ 사이의 관계를 식으로 나타내어 보세요.

▸ 정답: _____

<경기초 실제 수행평가 문제 참고>

꿀샘의 꿀팁

　　경기초등학교의 수행평가 문제 변형입니다. 생활 속에서 만날 수 있는 간단한 대응 관계를 식으로 나타내 보는 문제입니다. 자칫 보면 수학 수행평가로 끝날 수도 있는 문제지만 더 재미있게 풀려면 저 숫자를 일상생활에서 만났던 경험을 떠올려 보세요. 첫 번째 문제는 어떤 상황에서 접했을까요? 두 개씩 늘어나는 상황이잖아요. 신발이나 젓가락 등 두 개씩 쌍을 이룬 것들이 사람 수가 늘어날 때마다 두 개씩 늘어날 수 있겠네요. 2번 문제는요. 하나씩 줄어드는 거네요. 맛있는 과자가 하나씩 하나씩 줄어들 때의 안타까움을 식으로 나타내 보면 되겠어요. 수학 문제를 문제로만 보면 재미가 덜해요. 풀기가 싫어지잖아요. 실생활에서 이것을 어떻게 접목할 수 있을까 상상해 보세요. 더욱더 재미있게 수행평가를 대하는 방법이에요.

3-1) 체험한 일 감상 쓰기 (중대부초 5-2)

단 원 (대주제)	2. 지식이나 경험을 활용해요	
영역	쓰기	
성취 기준	체험한 일에 대한 감상이 드러나게 글을 쓴다.	
평가 요소	체험한 일을 떠올리며 감상이 드러나는 글쓰기	
평가 기준	잘함	글에 필요한 지식을 활용하여 체험한 일을 떠올리며 감상이 드러나는 글을 쓸 수 있다.
	보통	체험한 일을 떠올리며 감상이 드러나는 글을 쓰지만 글에 필요한 지식을 활용하여 쓰지는 못한다.
	노력 요함	필요한 지식을 활용하여 체험한 일을 떠올리며 감상이 드러나는 글을 쓰는 데 어려움이 있다.
평가 유형	논술평가, 관찰법	

3-2) 체험한 일 감상 쓰기 (경기초 5-2)

단원	2. 지식이나 경험을 활용해요	
평가 내용	체험한 일을 떠올리며 감상이 잘 드러나는 글 쓰기	
영역	쓰기	
평가방법	서술형	
평가 기준	매우 잘함	체험한 일에 대한 느낌이나 생각이 풍부하고 효과적으로 드러나게 글을 쓸 수 있다.
	잘함	체험한 일에 대한 느낌이나 생각이 드러나게 글을 쓸 수 있다.
	보통	체험한 일에 대한 느낌이나 생각이 일부 드러나게 글을 쓸 수 있다.
	노력 요함	체험한 일에 대한 느낌이나 생각을 간단하게 쓸 수 있다.

국어 수행평가

체험한 일 감상 쓰기

활동 과제

1. 나의 경험 중에서 특별하게 기억나는 일에 대해서 느낌을 살려 글을 써 보세요.

_____

_____

_____

_____

_____

_____

꿀샘의 꿀팁

특별한 경험을 쓰라고 하면 난감해하는 친구들이 많습니다. 매일 반복되는 일상이어서 특별한 경험을 해본 적이 없다는 거죠. 잘 생각해 보세요. 어제와 오늘의 아침을 비교해 보세요. 정말 한치의 변화도 없었나요? 그렇지 않잖아요. 어제와 오늘 일어난 시각부터 다르죠. 시각이 다르니 일어난 일들도 달랐을 거예요. 어제는 학교에 가기에 적절한 준비 시간을 두고 일어났다면요. 오늘은 어제보다 늦게 일어나서 다 준비를 못 하고 간 거예요. 허둥지둥 준비를 하고 나가는 바람에 생긴 에피소드가 있겠죠. 계단을 두 칸씩 올라갔다거나 빠르게 뛰다가 가방에서 물이 쏟아졌던 일 등 말이에요. 잠깐의 아침 상황만 봐도 어때요. 매일 조금씩 달라지잖아요. 반복되는 일상에서도 조금씩 특별한 일은 매일 일어나고 있답니다. 우리가 그것을 기억하고 보려 하지 않을 뿐이지요. 어느 순간 마법처럼 일어난 특별한 일을 찾기 보다는요. 매일의 일상에서 일어나는 특별함을 찾아보세요. 그런 작고 소소한 경험으로도 한편의 멋진 글을 쓸 수 있답니다.

4) 평균 구하기 (경기초 5-2)

단원	6. 평균과 가능성
평가 내용	평균의 의미를 알고, 주어진 자료의 평균 구하기
성취 기준	평균의 의미를 알고, 주어진 자료의 평균을 구할 수 있으며, 이를 활용할 수 있다.
유의점	· 평균의 의미를 알고, 주어진 자료를 분석해서 평균을 구할 수 있는지 평가한다. · 2번 문항에서 모둠별로 대출한 도서 수의 평균을 바르게 구했는지 확인한다.
평가 기준	매우 잘함	평균의 의미를 잘 이해하고 있으며, 평균과 관련된 실생활 문제를 능숙하게 해결할 수 있다.
	잘함	평균의 의미를 알고, 주어진 자료의 평균을 대부분 구할 수 있다.
	보통	평균의 의미를 잘 이해하지 못하여 주어진 자료의 평균을 일부만 구할 수 있다.
	노력 요함	평균의 의미를 잘 이해하지 못하여 주어진 자료의 평균을 구하는 데 어려움을 보인다.

수학 수행평가

평균 구하기

활동 과제

1. 다음 표를 보고 유준이가 일주일 동안 독서한 시간의 평균을 구해 봅시다.

요일	일	월	화	수	목	금	토
유준이의 독서 시간(분)	50	24	30	10	42	33	21

풀이 과정	평균(분)

2. 유준이네 반에서 모둠별로 대출한 도서 수를 보고 물음에 답해 보세요.

	1모둠	2모둠	3모둠	4모둠	5모둠	6모둠
모둠원 수(명)	3	3	3	4	4	4
대출한 도서 수(권)	12	21	15	24	20	16

● 모둠별로 대출한 도서 수의 평균을 구해 보세요.

	1모둠	2모둠	3모둠	4모둠	5모둠	6모둠
대출한 도서 수 평균(권)						

● 독서왕 모둠은 어느 모둠입니까?

_____

<경기초 실제 수행평가 문제 참고>

꿀샘의 꿀팁

　　실제 생활에서 평균을 구해 본 경험 엄마들은 다들 한 번쯤은 있을 거예요. 내가 시험을 봤는데 내 점수를 평균으로 나눠 본 경험 말이죠. 여러분은 어떤가요? 아마 그런 경험이 많지 않을 거예요. 선생님이 평균을 내서 점수를 알려 주신다거나 엄마가 그 역할을 했겠죠. 여러분이 스스로 경험해 보는 일이 예전에 비해 많이 줄어든 것이 사실이에요. 생활에 수학이 꼭 필요하다는 말을 이해하기 쉽지 않을 텐데 이런 문제들을 통해서라도 간접적으로 그 경험을 해볼 수 있을 겁니다.

　　가끔 수학 문제집에 이런 문제가 나오면 내 경험과 비교하기보다는 풀기 싫은 문제로만 받아들였을 거예요. 그런데 이런 건 문제로만 끝날 일이 아닙니다. 살다 보면 내 경험을 평균으로 구해서 비교해 볼 일이 반드시 생길 거예요. 내가 하루에 몇 시간씩 게임을 하는지, 혹은 내 게임 레벨이 한 달 동안 평균 얼마나 올랐는지 등 말이에요. 지난달에 비해서 내 게임 점수의 평균이 많이 올랐다면 내가 게임을 더 잘하고 있다는 뜻일 테니까요. 평균 구하는 게 이렇게 쓰인답니다. 여러분이 살고 있는 세상에도 수학이 필요하다고요. 문제를 문제로만 받아들이지 말고 경험과 연결하는 거 한번 도전해 보세요. 수학이 재미있어진다니까요.

5) 나의 경험 쓰기 (세륜초 5-2)

단원	7. What did you do during your vacation?
성취 기준	실물이나 그림을 보고 한두 문장으로 표현할 수 있다.
평가 내용	과거에 한 일과 그 소감을 묻고 답하는 문장을 완성하여 쓰기
핵심 역량	지식 정보 처리 역량
평가 기준	상	과거에 한 일과 그 소감을 묻고 답하는 문장 4~6개를 완성하여 쓸 수 있다.
	중	과거에 한 일과 그 소감을 묻고 답하는 문장 2~3개를 완성하여 쓸 수 있다.
	하	과거에 한 일과 그 소감을 묻고 답하는 문장 0~1개를 완성하여 쓸 수 있다.
평가상의 유의점	· 동사의 과거형을 충분히 연습하게 한 후 평가한다. · 평가를 할 때 충분한 시간을 주어 알맞은 답을 쓸 수 있도록 한다.

영어 수행평가

나의 경험 쓰기

활동 과제
1. 나의 경험에 대한 문장을 완성해 보세요.

①	주말 동안에 무엇을 하셨습니까?
②	가족과 함께 산에 갔었습니다.
③	삼촌 댁에 갔었습니다.

④	할아버지를 도와드렸습니다.
⑤	케익을 만들었습니다.
⑥	영화를 보러 갔습니다.

<경기초 실제 수행평가 문제 참고>

꿀샘의 꿀팁

내가 주말에 했던 일을 영어 문장으로 완성해 보는 수행평가 과제입니다. 여섯 개의 예 중에서 혹시 지난 주말에 여러분이 실제로 한 일이 있나요? 아니면 전에라도 경험한 일이 있겠지요. 그 표현을 익혀 두었다가 실제 그 경험이 일어나는 날 써 보면 좋겠어요. 영어 단어를 공부할 때 예전에는 깜지라고 해서 단어를 무작정 노트에 쓰면서 철자와 뜻을 외웠어요. 물론 잘 외워지지 않았죠. 금세 잊어버렸어요. 여러분은 그렇게 외우지 않잖아요. 문장에서 반복적으로 사용되는 단어를 통해서 단어 뜻을 스스로 알게 되잖아요.

영어를 잘한다는 것은 영어 시험을 잘 본다는 의미를 넘어서요. 일상생활에서 외국인과 대화를 하다가 혹은 영어 책을 읽다가 자연스럽게 영어 표현을 사용하는 거예요. 영어 표현을 일상에서 많이 활용해 보세요. 간단한 아침 인사나 집안에서의 표현을 영어로 해 보는 거예요. 영어를 잘하는 사람들이 자주 사용하는 방법이랍니다. 영어를 실생활에서 자주 사용하는 거죠. 그 방법을 우리도 활용해 봐요. 학교에서 배운 표현들을 실생활에서 자주 사용해 보세요. 재미있고 유쾌한 경험으로 다가올 거예요.

5) 나의 경험쓰기 (세륜초 5-2)

영역 주제	쓰기	
성취 기준	목적이나 주제에 따라 알맞은 내용과 매체를 선정하여 글을 쓰고, 생활일기를 꾸준히 작성한다.	
평가 기준	매우 잘함	목적이나 주제에 적합한 내용과 매체를 선정하여, 표현하고자 하는 바가 효과적으로 드러나도록 글을 쓸 수 있고, 생활일기를 꾸준히 작성한다.
	잘함	목적과 주제에 적합한 내용과 매체를 선정하여 글을 쓸 수 있고, 생활일기를 꾸준히 작성한다.
	보통	목적이나 주제에 부분적으로 적합한 내용과 매체를 선정하여 글을 쓸 수 있고, 생활일기를 비교적 꾸준히 작성한다.
	노력 바람	목적이나 주제에 일부분 적합한 내용과 매체를 선정하여 글을 쓸 수 있고, 생활일기를 비교적 꾸준히 작성한다.
평가 방법	수행평가(수업+일기)	
관련 단원	4. 겪은 일을 써요.	

국어 수행평가

생활 일기 쓰기

활동 과제
1. 기억에 남는 하루로 일기를 써 보세요.

_____

_____

_____

_____

_____

_____

_____

_____

_____

_____

_____

_____

꿀샘의 꿀팁

　　목적이나 주제에 적합한 내용과 매체를 사용해서 일기를 쓴다는 건 무슨 뜻일까요? 요즘은 다양한 유형의 일기를 작성하잖아요. 그거예요. 예를 들어 내가 오늘 하루 너무 행복한 느낌이 강하게 드는 일이 있었다면 시로 일기를 써 보는 거죠. 너무 아름다운 장면이 기억에 남는다면 시화로 그려 봐도 되고요. 혹은 신문에서 충격적인 기사를 읽었다면 기사문을 인용해서 일기를 쓰는 방법도 있어요. 어떤 유형의 글이 나의 경험을 가장 효과적으로 나타낼지 생각해 보며 일기의 유형을 선택해 보는 거죠. 내 느낌이 가장 잘 드러나려면 연극 대본 형식으로 써서 누군가에게 연극을 시켜 봐도 재미있을 거예요. 요즘은 숏폼 동영상이 유행이잖아요. 동영상 콘티로 짜 보는 것도 여러분이 흥미롭게 써볼 수 있는 방법이겠어요. 장르는 어느 범위로 정해져 있지 않아요. 자신의 일기이니만큼 느낌과 경험을 풍부하게 살릴 수 있는 매체를 선택해서 글을 써 보세요. 재미있고 독특한 일기를 기대해 볼게요.

7) 볼록 렌즈의 쓰임새 알아보기 (경기초, 6-1)

영역 주제	5. 빛과 렌즈		평가시기	7월 3주
평가 내용	볼록 렌즈로 물체를 관찰하고 볼록 렌즈의 쓰임새 알아보기			
성취 기준	볼록 렌즈를 이용하여 물체의 모습을 관찰하고 볼록 렌즈의 쓰임새를 조사할 수 있다.			
유의점	·과학과 교수학습과정(110~113쪽)과 연계해서 평가할 수 있다. ·볼록 렌즈 구실을 하는 물체는 학생들이 스스로 준비할 수 있도록 한다.			
평가 기준	매우 잘함	볼록 렌즈에서 빛의 굴절로 인해 물체의 모습이 실제와 다르게 보임을 설명하고, 볼록 렌즈의 쓰임새를 이용한 도구를 다양하게 찾을 수 있다.		
	잘함	볼록 렌즈로 보는 물체의 모습이 실제와 다르게 보임을 설명하고, 일상생활에서 볼록 렌즈가 사용되는 예를 찾을 수 있다.		
	보통	볼록 렌즈로 보는 물체의 모습이 실제와 다르게 보임을 알고 볼록 렌즈가 사용되는 간단한 예를 찾을 수 있다.		
	노력 바람	볼록 렌즈로 보는 물체의 모습이 실제와 다르게 보임을 말할 수 있다.		

과학 수행평가

볼록 렌즈의 쓰임새 알아보기

활동 과제
1. 볼록 렌즈를 사용하는 상황을 써 보세요. _____ _____ _____ _____ _____

2. 우리 생활에서 볼록 렌즈를 이용해 만든 기구의 이름과 쓰임새를 조사해서 써 보세요.

기구의 이름					
쓰임새					

3. 우리 생활에서 볼록 렌즈를 사용했을 때 좋은 점은 무엇일까 설명해 보세요.

_____

_____

_____

_____

_____

_____

_____

_____

_____

_____

_____

_____

_____

<경기초 실제 수행평가 문제 참고>

볼록 렌즈에서 빛의 굴절로 인해 물체의 모습이 실제와 다르게 보임을 설명하고, 볼록 렌즈의 쓰임새를 이용한 도구를 다양하게 찾을 수 있어야 하네요. 볼록렌즈의 기본 성질에 더해서 자신의 삶에서 경험한 다양한 요소들이 평가에 영향을 주겠네요. 평소 생활에서 얼마나 다양한 사물을 관찰했는가가 드러나겠어요. 흥미롭게 지켜보고 관심 갖고 바라본 것들이 많은 친구가 유리하겠네요.

요즘은 워낙 다양한 현장 학습을 다니잖아요. 주말이면 가족들과 박물관도 가고 캠핑도 가고 다양한 체험을 하지요. 그것들이 쌓여서 여러분에게 세상을 바라보는 다양한 관점을 만들어 주지요. 여러분을 성장시키고 더불어 수행평가에도 도움이 되네요. 더더욱 멋지고 재미있는 체험을 늘려야 하는 이유가 되겠어요. 주말이든 하교 후든 세상 밖으로 나가 세상을 경험하세요. 탐험하고 관찰하세요. 그것들이 공부에도 물론 도움이 되지만 여러분이 세상을 살아가는 데 필요한 많은 것을 채워줄 거예요.

그게 어렵다면 다양한 유형의 친구를 만나세요. 친구들이 경험한 세계를 통해 여러분의 생각도 확장될 테니까요. 그것도 안 된다면 다양한 책이라도 읽으세요. 물론 유튜브나 게임을 통해 이미 경험하고 있다고 말하고 싶겠지만요. 그런 영상은 길어야 10분이죠. 깊이 있는 경험이나 감동을 주기엔 어려워요. 직접 만나거나 간접적이라도 깊이 있는 세상과 접속해야 해요. 그래야 이 세상에서 주는 이야기들을 생동감 있게 만날 수 있답니다. 세상을 향한 다양한 경험들이 여러분을 성장시켜 줄 거고요. 수행평가에서도 특별함을 드러나게 도와줄 겁니다.

재미있는 소재로 글쓰기를 즐겁게

여러분은 글쓰기가 재미있나요? 아마 재미없을 거예요. 피할 수 있다면 안 하고 싶을 겁니다. 그러나 안타깝게도 글쓰기를 피해갈 수는 없어요. 부담스러운 글쓰기인데 평가까지 받게 된다면 더 쓰기 싫어질 텐데요. 너무 부담스러운 글쓰기지만 평가를 위해서라도 꼭 연습해야 한다면 어떤 방식으로 연습하겠나요? 그나마 내가 제일 잘할 수 있는 방법으로 해 보는 게 좋겠어요. 바로 소재를 선택할 때 내가 좋아하는 내용으로 고르는 거죠. 이번엔 재미없는 글쓰기 평가지만 그중에서 재미를 찾아가는 전략에 대해서 생각해 봐요.

첫 번째 문제는 바로 우리 생활에서 산성과 염기성 물질을 찾아보는 문제입니다. 산성과 염기성은 우리 생활에서 매일 만나는 물질들이지만, 그걸 인식하고 분류하는 친구는 많지 않을 거예요. 하지만 왜 이를 닦고 나서 귤을 먹으면 맛이 이상하게 변하는지는 궁금하지 않나요. 이런 문제들 통해서 과학적인 지식을 통해 생활에서 재미를 찾아가는 방법을 배워 가면 좋겠네요.

5학년 2학기 과학과 수행평가 기준안

단 원 명	5. 산과 염기		
성취 기준	우리 생활에서 산성 용액과 염기성 용액을 이용하는 예를 찾아 발표할 수 있다.		
단 원 명	물질과 에너지	평가 시기	12월 1주
평가 방법	수행평가	평가 대상	개인
평가 방법	생활 속에서 산과 염기를 이용하는 예를 찾고 그 원리 설명하기		
평가기준	매우 잘함	실험을 통해 산과 염기를 생활 속에서 이용하는 사례를 찾아 설명하며, 그 밖에 생활 속에서 산과 염기를 이용하는 예를 찾아 원리를 설명할 수 있다.	
	잘함	실험을 통해 산과 염기를 생활 속에서 이용하는 사례를 찾아 설명할 수 있으나, 그밖에 생활 속에서 산과 염기를 이용하는 예를 찾아 원리를 설명하지 못한다.	
	보통	실험을 통해 산과 염기를 생활 속에서 이용하는 사례를 찾아 설명하지 못하고, 그밖에 생활 속에서 산과 염기를 이용하는 예를 찾아 원리를 설명하지 못한다.	

기록 방법

번호	이름	제산제의 원리 알기	생활 속에서 산과 염기를 이용하는 원리 설명하기
1			
2			
…	…	…	…

기록 방법

1. (1)

구분	리트머스 종이의 색깔 변화		페놀프탈레인 용액의 색깔 변화
	푸른색 리트머스 종이	붉은색 리트머스 종이	
요구르트	붉은색	변화가 없다.	변화가 없다.
치약	변화가 없다.	푸른색	붉은색 또는 분홍색

(2) 요구르트를 마시면 입안이 산성 환경이 되는데 염기성인 치약으로 양치질을 하면 입안의 산성 물질을 없애 세균의 활동을 막을 수 있기 때문이다.

2.
  (1) 생선을 손질한 뒤 도마를 씻을 때 산성인 식초가 생선 비린내의 염기성을 약하게 한다.
  (2) 염기성 용액인 제산제를 마셔 속쓰림을 가라앉힌다.

(과학)과 수행평가지

학년   반   번 이름 (   )

단원명	5. 산과 염기	차시	8/11	평가일	년 월 일
과제명	생활 속에서 산과 염기를 이용하는 예를 찾고, 그 원리를 설명하기			평가자	(인)
활동 과제					

1. 다음은 요구르트와 물에 녹인 치약의 성질을 알아보는 실험입니다. 다음 실험 결과를 참고하여 요구르트를 마신 뒤 양치질을 해야 하는 이유를 설명해 봅시다.

> ① 요구르트와 물에 녹인 치약을 유리 막대로 푸른색 리트머스 종이와 붉은색 리트머스 종이에 각각 묻힌 후 색깔 변화를 관찰한다.
> ② 요구르트와 물에 녹인 치약을 담은 비커에 페놀프탈레인 용액을 떨어뜨려 색깔 변화를 관찰한다.

(1) 실험 결과

구분	리트머스 종이의 색깔 변화		페놀프탈레인 용액의 색깔 변화
	푸른색 리트머스 종이	붉은색 리트머스 종이	
요구르트	붉은색	변화가 없다.	변화가 없다.
치약	변화가 없다.	푸른색	붉은색 또는 분홍색

(2) 요구르트를 마신 뒤 양치질을 해야 하는 이유:

왜냐하면 요구르트는 산성이기 때문에 치약에 있는 염기성으로 산성을 약화시켜 이를 썩지 않게 하려고

2. 다음 그림은 생활 속에서 산과 염기의 성질을 이용하는 경우입니다. 산과 염기의 어떤 성질을 이용한 것인지 각각의 경우를 설명해 봅시다.

(1) 생선 비린내 염기성이 있어서 산성인 식초로 도마를 닦아서 염기성을 없애야 한다.

(2) 속이 쓰릴 때에는 제산제를 먹는다. 제산제는 염기성이고 속이 쓰린 것은 위산이 너무 분비되어서이기 때문이다.

　　산성과 염기성을 실험하는 과정에서 일상에서 만나는 여러 가지 현상을 분석하는 수행평가 답안을 잘 작성했습니다. 이 정도면 매우 잘함을 받을 수 있겠어요. 깔끔하게 정리해서 썼고요. 생활 속 사실들을 잘 관찰한 것이 평가서를 작성하는 데 도움이 되었네요. 일상의 소재들을 만났을 때 호기심을 갖고 사물을 대하는 것이 수행평가에서 빛을 발하고 있어요. 사물을 흥미롭게 바라보는 눈이 일상에서 재미도 주지만 학습에도 도움이 된답니다.

규칙성을 활용해서 나만의 로봇을 기획해 보는 재미있는 문제입니다. 내가 평소에 관심 있었던 분야의 로봇을 만들어 보면 좋겠어요. 수행평가 문제라고 생각하면 재미없고 따분하지만 이 답안을 가지고 내가 진짜 멋지고 필요한 로봇을 만든다는 생각을 가지면 색다르죠. 재미있게 작성할 수 있는 답안이 될 거예요.

(5)학년 (1)학기 (수학)과 수행평가 기준안

경복초 5학년 2학기

영 역 명	규칙성			
성취 기준	한 양이 변할 때 다른 양이 그에 종속하여 변하는 대응 관계를 만들고, 이를 로봇의 작동 규칙에 적용할 수 있다. 나아가 로봇의 활용으로 사고를 확장하여 융합적 사고를 기를 수 있다.			
평가 내용	관계성이 있는 규칙을 세워 연산의 대응 관계를 만들고, 그 방법과 활용 방안을 수월하게 설명하기			
단 원 명	3. 규칙과 대응	평가 시기		5월 3주
평가 방법	수행평가	평가 환경	대면	V
			zoom	V
평가 기준	매우 잘함	2개 이상의 규칙 관계를 명확히 세워 연산의 대응 관계를 만들고, 그 방법과 활용 방안을 수월하게 설명할 수 있음.		
	잘함	1개 이상의 규칙 관계를 세워 연산의 대응 관계를 만들고, 그 방법과 활용 방안을 설명할 수 있음.		
	보통	종속 관계가 나타난 규칙을 예를 들어 안내하면 대응 관계가 나타난 식을 만들 수 있음.		
기록 방법	지필평가, 동료평가, 관찰평가			

답지 내용이 짧지만 재미있네요. 이 친구는 평소 돈에 관심이 무척 많은가 봐요. 부자가 되기 위해서 돈 만드는 로봇을 만들겠다는 계획을 세웠네요. 식이 복잡하거나 많은 공을 들이지 않은 것은 안타깝긴 하지만요. 2개 이상의 규칙 관계를 세워서 로봇의 규칙을 만들라고 했잖아요. 돈을 많이 만들어 내기 위해서 무조건 곱하기와 더하기를 활용했어요. 식을 단순하게 만든 것까지는 좋았는데 왜 더하기 5와 곱하기 2를 사용했는지를 자세히 설명했다면 더 좋았겠네요. 활용 방안도 너무 간단하게 써서 아쉬워요. 돈을 만들어서 부자가 되는 것도 좋지만, 로봇의 활용도가 무궁무진할 것 같은데요. 좀 더 성의를 가지고 답지를 채웠더라면 싶습니다. 여러분은 이 친구의 실수를 반복하지 마세요.

(수학)과 수행평가지

학년 반 번 이름(   )

단원명	3. 규칙과 대응	차시	4/8	평가일	년 월 일
과제명	로봇 규칙 만들고 상상하기			평가자	(인)
활동 과제					

1. 내가 만들고 싶은 로봇을 상상하며 간단히 계획서 쓰기
  - 규칙에 따라 실행하는 로봇을 만들 계획을 세워 봅시다.
  - 단, 2개 이상의 수학 연산(+, -, ×, ÷)과 괄호식이( ) 꼭 들어가야 합니다.

로봇의 이름	돈 로봇
로봇의 규칙	(로봇에 넣은 돈 개수 + 5)×2
로봇의 활용 방법	돈을 많이 복사할 수 있어서 부자가 될 수 있다.

나는 어떤 분야에 관심이 있나요? 그 관심 있는 분야에서 잘 활용될 만한 로봇을 기획해 보세요. 활용식을 만들 때도 근거를 두어서 설명을 해주고 활용할 수 있는 분야도 다양하게 변형해서 소개하는 거죠. 여러분이 흥미 있는 분야를 활용해서 수행평가에 즐겁게 적용할 수 있을 거예요.

마지막 문제는 글을 읽고 글쓴이의 주장이나 주제를 글에 드러난 단서나 문맥을 활용하여 정확하게 파악하여 자신의 생각과 비교하는 문제입니다. 글을 읽고 겉으로 드러나지 않은 글쓴이의 주장을 찾아내는 거예요. 쉽지 않습니다. 핵심은 이 글이 도대체 무슨 말을 하고 싶은가입니다. 그것에 주의해서 글을 읽어 보세요. 다 읽고 나서 이 글은 어떤 것을 말하고 싶었는지를 찾아내야 해요. 그것을 쉽게 찾기 위해서는 질문을 가지고 글을 읽으면 좋습니다. 도대체 무슨 이야기일까 질문을 생각하며 글을 읽는 겁니다. 하고 싶은 이야기를 찾아냈으면 글쓴이의 생각과 나의 생각을 비교해 보면 되는 거지요.

국어 수행평가 기준안

단 원 명	5. 글에 담긴 생각과 비교해요	평가 시기	12월 2주
평가 내용	글을 읽고 글쓴이의 생각과 자신의 생각을 비교하기		
성취 기준	글을 읽고 글쓴이가 말하고자 하는 주장이나 주제를 파악한다.		
영 역	읽기	평가 유형	서술형
준비물	필기구	평가 대상	개인
유의점	● 글쓴이의 주장에 대한 타당성을 평가하는 것이 아니라 글쓴이의 관점이나 의도를 자신의 생각과 비교할 수 있는 능력에 대한 평가이다. ● 글쓴이의 관점을 파악할 수 있으며 자신의 관점을 비교하여 설명하였는지 확인한다.		

평가 기준	매우 잘함	글을 읽고 명시적으로 드러나 있거나 그렇지 않은 글쓴이의 주장이나 주제를 글에 드러난 단서나 문맥을 활용하여 정확하게 파악하여 자신의 생각과 비교할 수 있다.
	잘함	글을 읽고 명시적으로 드러나 있거나 그렇지 않은 글쓴이의 주장이나 주제를 파악하여 자신의 생각과 비교할 수 있다.
	보통	글을 읽고 표면적으로 드러난 글쓴이의 주장이나 주제를 대략적으로 파악하여 자신의 생각과 비교할 수 있다.
	노력 요함	글을 읽고 표면적으로 드러난 글쓴이의 주장이나 주제를 대략적으로 파악할 수 있다.

※ 다음 글을 읽고 글쓴이의 관점을 파악하고 자신의 생각을 말해 봅시다.

예시 답안	글쓴이의 관점	무조건적으로 난민들을 도와주는 것은 그들의 자립심을 없애고 수동적인 사람들로 만드는 문제가 있으므로 무조건적으로 돕지 말고 그들이 자립할 수 있는 기반을 마련해 주는 방면으로 도와주자.
	내 생각	글쓴이의 생각도 좋지만 당장 배가 고파서 먹을 것이 없어 굶어 죽어 가는 사람들은 일을 하고 싶어도 일할 힘이 없기 때문에 무조건적으로도 도와주고 나서 자립할 수 있는 시설을 마련해 주는 것이 좋겠다.

국어 수행평가

5. 글에 담긴 생각과 비교해요

-글쓴이의 생각과 자신의 생각을 비교하기-

학년   반   번   이름(   )

※ 다음 글을 읽고 글쓴이의 관점을 파악하고 자신의 생각을 말해 봅시다.

〈 세계 난민들을 위한 기부 어떻게 볼 것인가? 〉

　오늘날 세계는 글로벌 시대라고 할 만큼 세계가 가까워졌다. 그래서 세계 여러 나라 사정을 서로 너무나 잘 알고 있다. 세계에 굶주리는 사람들을 돕기 위한 단체들도 많다.

　우리들은 많은 곳에서 전 세계 난민들을 돕는 단체를 알고 있고 또한 돕고 있는 사람들도 많다. 이러한 난민들을 돕기 위한 기부의 본래 뜻은 참 좋다. 하지만 이렇게 우리들이 그들을 무조건 적으로 돕기만 한다면 그들의 자립심은 점점 없어지고 급기야 그들은 항상 남의 도움을 받기만 바라며 사는 수동적인 사람들이 될 것이다. 진정으로 그들을 위한다면 그들이 자립할 수 있도록 주변 기반 시설을 지원해 주는 것이 좋을 것 같다. 또한, 그들이 일을 할 수 있는 터전을 만들어 주어서 그들이 일을 할 수 있도록 도와주는 것이 좋겠다. 그래서 그들도 일을 해서 자신의 수익을 창출할 수 있다는 자립심을 키워 주는 것이 진정으로 그들을 돕는 길이라고 생각된다.

글쓴이의 관점	난민들을 돕기 위한 기부는 좋지만 난민들의 자립심을 키워 주는 게 낫다.
내 생각	나는 글쓴이의 의견에 전반적으로 동의하지만 난민들이 보통 정도는 살게 하고 자립심을 키우는 게 낫을 것 같다.

학생이 작성한 예시 답안을 살펴보면 글쓴이의 관점을 잘 찾아냈습니다. 간단명료하게 주장을 잘 정리했네요. 다만 자신의 주장을 너무 간단하게 제시했어요. 왜 그렇게 생각했는지를 조금 더 풀어서 써줬으면 싶습니다. 실제 수행평가 답안을 보면 정말 차이가 많이 나요. 정성껏 생각을 모아서 쓴 답안과 설명도 없이 한 줄로 쓴 답안이 있지요. 여러분이라면 어떤 답안에 높은 점수를 주겠나요? 성의가 들어가야 한다는 것은 그런 의미에요. 단순히 양을 늘린다는 개념이 아니라 자기 생각을 정리해서 성심성의껏 글을 쓰라는 겁니다. 또한, 맞춤법 실수도 눈에 띄네요. 언제나 맞춤법은 수행평가의 기본이니 막 쓰지 말고 잘 생각해서 바른 글자를 쓰도록 하세요.

1) 겪은 일을 이야기로 쓰기 (경기초 5-1)

단원	10. 주인공이 되어	
평가 내용	겪은 일을 이야기로 쓰기	
영역	문학	
평가방법	서술형	
평가 기준	매우 잘함	겪은 일을 바탕으로 하여 주제와 흐름에 맞게 내용을 조직해서 주제가 잘 드러나게 이야기로 쓸 수 있다.
	잘함	겪은 일을 바탕으로 하여 주제가 드러나게 이야기로 쓸 수 있다.
	보통	겪은 일의 내용이 드러나게 간단한 이야기로 쓸 수 있다.
	노력 바람	겪은 일을 간단한 이야기로 쓸 수 있다.

겪은 일을 이야기로 쓰기

활동 과제

1. 경험한 일을 재미있는 이야기로 써 보세요.

_____

_____

_____

_____

_____

_____

_____

꿀샘의 꿀팁

　경험한 일을 쓰는 수행평가네요. 전략의 이름처럼 재미있는 소재가 빛을 발하는 과제가 되겠어요. 내가 경험한 것 중에서 흥미를 끌 만한 소재를 찾아서 써 보는 거죠. 재미있고 웃긴 이야기만 소재가 되는 것은 아니에요. 슬프고 마음 아팠던 이야기도 괜찮습니다. 마음에 깊은 여운을 주었던 경험담을 써 주면 돼요. 여러분이 이제껏 살아오면서 짧지만 많은 것을 경험했잖아요. 그중에서 먼저 생각나고 오래 기억되는 이야기를 쓰면 됩니다. 그 경험이 여러분에게 강렬하다는 것은 그만큼 특별하다는 뜻이니까요.

　아무리 생각해도 특별한 경험이 생각나지 않는다면 핸드폰 갤러리를 확인해 보세요. 그동안 찍은 사진을 보면 이때 참 재미있었지 싶은 순간이 떠오를 거예요. 혹은 정말 많이 슬펐던 날도 있을 거고요. 사진들을 보면 추억을 떠올리게 될 거예요. 혹은 시간을 활용하는 방법도 있어요. 달력을 보며 지난달에 무슨 일이 있었는지 되짚어 보는 거죠. 다이어리를 보면 특별한 경험에 대한 일기가 남아 있잖아요. 그걸 활용해도 좋습니다. 나에게 특별하고 오래 여운이 남는 소재를 선택하는 게 중요해요. 강렬한 감정을 남겼던 소재를 통해 의미 있는 이야기를 시작할 수 있을 거예요.

2) 경험 활용해 시 바꿔 쓰기 (청원초 5-1)

영역	문학
관련 단원	2. 작품을 감상해요
국가수준 성취 기준	일상생활의 경험을 시의 형식으로 표현한다.
평가 내용	시를 읽고 자신의 경험을 바탕으로 바꾸고 싶은 내용을 떠올리며 시를 바꾸어 쓴다.
평가 기준	매우 잘함	시 내용과 비슷한 경험을 떠올리며 창의적 표현으로 시를 바꾸어 쓸 수 있다.
	잘함	시 내용과 비슷한 경험을 떠올리며 시의 일부분을 바꾸어 쓸 수 있다.
	보통	시 내용과 비슷한 경험을 떠올리나 시를 바꾸어 쓰는 것에 어려움을 느낀다.
	노력 바람	시 내용과 비슷한 경험을 떠올리지 못하며 시를 바꾸어 쓰지 못한다.
평가 방법	서술평가

국어 수행평가

경험 활용해 시 바꿔 쓰기

활동 과제

1. 경험한 일을 재미있는 시로 써 보세요.

경험했던 일의 내용	
시로 표현하기	

꿀샘의 꿀팁

내가 경험했던 일을 시로 써 보는 문제네요. 일기 쓸 때 해봤던 경험이 있을 거예요. 시는 짧잖아요. 금방 쓰니까요. 일기를 줄글로 쓰기 싫은 날은 시를 택하는 친구들이 많지요. 시는 짧은 단어로 운율을 살려 쓰는 문학 작품이에요. 비유와 상징을 통해 내가 느낀 감정을 표현하지요. 결코 쉬운 장르는 아니지만, 여러분은 쉽게 도전할 수 있을 거예요. 여러분에게는 어른들이 보지 못하는 재미있는 세상이 있으니까요.

여러분의 엉뚱하고 기발한 상상력을 시로 풀어내는 거죠. 엄마가 갑자기 고릴라로 보인다거나 아빠가 거북이라고 생각된 적 있지 않나요? 내가 만약 세계 제일의 탐험가라면 어느 곳에 가서 멋진 경험을 할까 상상해 본 적 있잖아요. 게임 안에서 내가 마치 게임의 캐릭터가 된 것처럼 신났던 경험도 있을 거예요. 이런 재미난 소재와 생각들을 시로 써 보세요. 길게 쓰지 않아도 되지만 재미있게 쓸 수 있는 게 시예요. 조금 쉽게 접근할 수 있을 거예요.

3) 하고 싶은 일 (서울 삼육초 5-2)

영역	읽기, 쓰기	
관련 단원	12. I Want to Climb Hallasan	
평가 요소	하고 싶어 하는 일을 나타낸 문장을 읽고, 쓰기	
평가 내용	시를 읽고 자신의 경험을 바탕으로 바꾸고 싶은 내용을 떠올리며 시를 바꾸어 쓴다.	
평가 기준	매우 잘함	하고 싶어 하는 일을 나타내는 문장을 읽고 이해하며, 유창하게 대화를 읽고 쓸 수 있다.
	잘함	유창하게 대화를 읽고 쓸 수 있다.
	보통	실수가 있으나 문장 및 낱말들을 읽고 쓸 수 있다.

영어 수행평가

하고 싶은 일 쓰기

활동 과제

1. 하고 싶은 일을 문장으로 나타내 보세요.

① What will you do tomorrow?
  유명한 카페에 가보려고 해.

  (   )

② What will you do this friday?
  친구들과 놀이 공원을 가려고 해.

  (   )

③ What will you do next month?
  게임에서 최상 레벨이 되려고 해.

  (   )

④ What will you do this weekend?
  맛집에 가려고 해.

  (   )

내가 하고 싶은 일을 영어로 표현해 보는 수행평가입니다. 물론 답이 정해져 있긴 하지만요. 그래도 내가 하고 싶은 일이 무엇일지 상상해 보며 영어 표현을 써 보면 좋겠어요. 인생은 생각하기 나름이에요. 재미없는 이 글쓰기 책을 왜 써야 하나 불만만 갖고 있으면 인생이 재미있지가 않아요. 화만 나죠. 이런 문제 하나를 풀더라도 재미있는 상상을 하며 풀 수 있잖아요. 마치 빨간머리 앤처럼요.

의미 부여를 하면서 내가 다음에 유명한 카페나 유명 맛집을 가는 것을 상상하며 문장을 완성하고 그 문장을 기억하는 겁니다. 친구들과 놀이공원을 가는 것은 어떻게 표현할까 호기심을 갖는 거죠. 호기심을 갖고 바라보는 세상은 재미있는 것 투성이에요. 공부도 마찬가지에요. 재미없다는 생각은 하기 싫다는 마음만 키울 뿐이에요. 기왕 하는 거 재미있게 내가 활용할 수 있을 때를 떠올리며 문제 하나하나를 풀어보세요. 기분이 나아질 거예요.

4) 우리 가족의 평균 구하기 (중대부초 5-2)

단 원 (대주제)	6. 평균과 가능성	
영역	자료와 가능성	
성취 기준	평균의 의미를 알고, 주어진 자료의 평균을 구할 수 있으며, 이를 활용할 수 있다.	
평가 요소	우리 모둠의 평균 구하기	
평가 기준	매우 잘함	발 사이즈, 치아 개수, 가족 수, 수면 시간, 핸드폰 사용 시간 등 값을 조사하고 우리 모둠의 평균을 바르게 구할 수 있다. (4개 이상 정확하게 구함.)
	보통	발 사이즈, 치아 개수, 가족 수, 수면 시간, 핸드폰 사용 시간 등 모둠 값을 조사하고 우리 모둠의 평균을 구할 수 있다. (2~3개 정확하게 구함.)
	노력 요함	발 사이즈, 치아 개수, 가족 수, 수면 시간, 핸드폰 사용 시간 등 값을 조사하나 우리 모둠의 평균을 구하는 데 어려움을 느낀다. (2개 미만 평균을 구함.)
평가 유형	서술평가	

수학 수행평가

우리 가족의 평균 구하기

활동 과제

1. 가족들 자료를 조사하고 평균을 구해 보세요.

이름						평균
발 사이즈						
치아 개수						
몸무게						
수면 시간						
핸드폰 사용 시간						

꿀샘의 꿀팁

　　모둠 친구의 자료를 조사하는 기준을 가족으로 바꿔서 출제해 보았어요. 우리 가족에 대해서 얼마나 관심이 있나요? 매일 같이 생활하는 게 가족이죠. 하지만 정작 가족에 대해서 알고 있는 것은 많지 않을 거예요. 이 문제를 통해서 수학 공부도 하고 가족과 대화도 늘려 봤으면 좋겠네요. 우리 가족의 자료를 조사하고 평균을 구해 보는 거예요. 엄마 아빠의 발 사이즈는 얼마인지, 나와는 얼마나 차이가 나는지 살펴보세요. 아빠의 발 사이즈가 성인 남자의 발 사이즈 중에서 큰 편인지 작은 편인지도 알아보세요. 한국 사람들의 평균 수면 시간을 알아보고요. 우리 가족은 수면 시간을 비교해 볼 수 있겠지요. 핸드폰 사용 시간도 그래요. 평균 사용 시간을 안다면 우리 가족의 핸드폰 사용 습관에 대해서도 점검해 볼 수 있답니다. 이런 하나하나의 소재들이 재미있는 이야깃거리가 될 수 있어요. 요즘 대화 없는 가정이 많아요. 핸드폰만 들여다보고 말은 안 하는 시간이 늘어나는데요. 이 과제를 통해 수학과 가족의 평화라는 두 마리 토끼를 같이 잡아 보자고요.

5) 평균과 실생활 문제 (왕북초 5-2)

평가 영역		자료와 가능성	
평가 요 소	관련 단원	자료와 가능성	
	성취 기준	평균의 의미를 알고, 주어진 자료의 평균을 구할 수 있으며, 이를 활용할 수 있다.	
	평가 내용	우리 모둠의 평균 구하기	
세 부 기 준 및 결 과 처 리	평가 기준	잘함	평균의 의미를 설명하고, 평균과 관련된 실생활 문제를 해결할 수 있다.
		보통	평균의 의미를 알고, 주어진 자료의 평균을 구할 수 있다.
		노력 요함	안내된 절차에 따라 주어진 자료의 평균을 구할 수 있다.
평가 방법 (횟수)		서술·논술 관찰(1회)	

수학 수행평가

평균과 실생활 문제

활동 과제

1. 시험 성적이 나왔어요. 평균을 구해 보세요.

	국어	영어	수학	사회	과학	평균
채린	90	95	100	90	90	
유준	95	100	95	95	95	
태현	100	85	95	95	95	
태주	90	95	100	95	95	

2. 친구들의 평균 키와 몸무게를 구해 보세요.

	수진	민성	한솔	강	민수	민우	평균
키	163	169	167	180	175	160	
몸무게	51	55	53	65	60	52	

꿀샘의 꿀팁

　　이번엔 친구들의 성적과 키와 몸무게로 평균을 구해 보는 문제입니다. 실제 내 친구들의 수치는 아니지만 이걸 활용해서 친구들과 대화할 거리도 만들 수 있겠네요. 물론 친구들의 키나 몸무게는 쉽게 물어보거나 공개할 수 있는 분야는 아니죠. 민감한 부분이니까요. 그것 말고 쉽게 접근할 수 있는 소재로 접근하는 거죠.

　　이 문제를 통해서 평균 내는 법을 확실히 익힌 다음 친구들이 관심 있는 분야를 평균으로 구해 보세요. 이건 연습문제잖아요. 이것만 푼다고 모든 게 해결되는 것은 아니에요. 여기에서 연습한 문제를 가지고 실생활에 적용할 수 있어야 진짜 배운 의미가 생기지요. 친구들과 이야기하면서 친구들이 생각하는 평균치란 어떤 것인가를 찾아볼 수 있을 거예요. 친구들이 생각하는 평균치를 찾게 된다면 좀 더 쉽게 친구들과 어울리는 데 도움이 될 거예요.

6) 빈도를 나타내는 문장 완성하기 (경기초 6-2)

단 원	9. How Often Do You Exercise?
평가 내용	빈도를 나타내는 문장 완성하기
성취 기준	구두로 익힌 문장을 쓸 수 있다.
유의점	● 빈도를 나타내는 문장에 해당되는 낱말을 보기에서 찾아서 정확하게 문장으로 완성하여 쓸 수 있는지 평가한다. ● 알파벳을 쓴 글자가 어떤 글자인지 판별하기 어려울 정도이면 오답으로 처리한다.

평가 기준	매우 잘함	빈도를 나타내는 여러 가지 표현을 보고 해당되는 낱말을 보기에서 찾아 올바른 문장으로 완성하여 쓸 수 있다.
	잘함	빈도를 나타내는 여러 가지 표현을 보고 해당되는 어구의 대부분을 보기에서 찾아 문장으로 완성하여 쓸 수 있다.
	보통	빈도를 나타내는 여러 가지 표현을 보고 해당되는 어구의 일부를 보기에서 찾아 쓸 수 있다.
	노력 요함	빈도를 나타내는 표현을 보고 해당되는 낱말을 보기에서 찾아 쓰는 데 어려움을 보인다.

빈도를 나타내는 문장 완성하기

활동 과제

1. 보기에서 낱말을 골라 주어진 뜻에 맞게 문장을 완성해 보세요.

보기

day   week   Once   Three   Twice   times

① 손을 얼마나 자주 씻으세요?

_____ do you wash your hands?

② 일주일에 세 번

_____ a _____ .

③ 하루에 한 번

_____ a _____ .

④ 하루에 두 번

_____ a _____ .

생활 영어라고 하잖아요. 일상에서 활용할 수 있는 표현이죠. 생활 영어를 익히고 연습하는 문제입니다. 나는 하루에 손을 몇 번이나 씻을까요? 반복해서 일어나는 일이지만 쉽게 얼마나 하는지 관심은 없었잖아요. 내가 반복적으로 하는 일들을 얼마나 잦은 빈도로 하고 있는지 생각하며 답을 정리해 보세요.

유의점을 봅시다. '알파벳을 쓴 글자가 어떤 글자인지 판별하기 어려울 정도이면 오답으로 처리한다. 알파벳을 알아보기 쉽게 쓰는 것이 중요하다.'고 써있는데요. 글자를 판별할 수 있도록 쓰지 않으면 열심히 답을 썼는데 오답 처리가 되요.

빈도를 나타내는 문장에 해당되는 낱말을 보기에서 찾아서 정확하게 문장으로 완성하여 쓸 수 있는지 평가한다고도 했어요. 정확하게 단어를 쓰는 것이 중요하다고 나와 있죠. 특히 영어는 우리말이 아니잖아요. 자칫하면 맞춤법을 틀리게 쓸 수 있으니 유의해서 쓰는 것을 항상 기억하세요.

7) 경험한 글쓰기 (대곡초 6-1)

영역	쓰기	
단원	9. 마음을 나누는 글을 써요	
성취 기준	쓰기는 절차에 따라 의미를 구성하고 표현하는 과정임을 이해하고 글을 쓴다.	
평가 요소	경험을 표현하는 글쓰기	
평가 기준	매우 잘함	마음을 나누었던 경험을 떠올려 나눌 마음과 생각이 잘 드러나게 글을 완성한다.
	보통	마음을 나누었던 경험을 떠올려 마음을 나누는 글을 완성한다.
	노력 요함	마음을 나누었던 경험을 떠올려 마음을 나누는 글을 완성하기 어려워한다.

국어 수행평가

경험한 일 쓰기

활동 과제

1. 경험 중에서 나누고 싶은 일을 골라 보세요.

쓰고 싶은 경험	
나누고 싶은 마음	

2. 위에서 간추린 이야기를 글로 써 보세요.

꿀샘의 꿀팁

　　경험 이야기를 쓴다면 가족이나 친구 이야기가 많을 거예요. 그 경험 중에 하나 골라 볼까요? 여러분은 가족의 소중함을 느낀 적이 있나요? 행복하고 좋을 때는 그런 기분을 느끼지 못했을 거예요. 어려운 일이 있을 때 비로소 알게 되죠. 가족이 있어서 감사하다는 것을 말이에요. 어려운 상황에서 가족의 소중함을 느꼈던 일화를 생각해 볼까요. 가장 쉽게 생각할 수 있는 일이 아팠을 때일 거예요. 내가 몹시 아팠는데 혼자 있다가 가족이 왔을 때의 그 든든함과 따뜻함을요. 무척 든든하고 나를 보살펴 주는 것이 고맙게 느껴졌을 거예요. 이런 경험은 한번쯤은 다 있을 거예요. 물론 평소에 모든 상황에서 나를 응원해 주는 가족이 감사하긴 하지만 이런 특별한 이벤트가 아니면 쉽게 느끼지 못하죠. 강렬한 경험은 강한 느낌을 주니까요. 그 경험에서 내가 느꼈던 감정을 써 보는 겁니다. 진솔한 감정을 담아서 쓰는 글은 깊이가 있어요. 진실하죠. 너무 부담 갖지 말고 자신이 느낀 마음속 이야기를 솔직하게 적어 보세요. 솔직한 글은 담담하지만 울림을 줘요. 감동을 준답니다.

수행평가 전략 08

리듬감을 살려 잘 읽히게 써라.

　우리는 노래를 참 좋아합니다. 춤과 노래를 좋아하는 민족이기 때문일까요? 세계적으로 유명한 케이팝을 만들어 내기도 했잖아요. 왜 노래가 그렇게 좋을까요? 리듬이 있기 때문이에요. 음악을 들으면 가만히 있다가도 어깨가 들썩거리잖아요. 리듬감 때문이죠. 글을 쓸 때도 이런 리듬감을 살려서 글을 쓰면 훨씬 재미있는 글이 됩니다. 글에서 리듬감을 살린다는 것은 어떤 의미일까요? 문장의 길이를 조절하면 리듬감을 살릴 수 있어요. 짧은 문장 — 조금 짧은 문장 — 긴 문장 — 짧은 문장 이런 순으로 배치하는 거예요. '글쓰기가 싫다. 나는 글쓰기가 재미없다. 글쓰기는 지루하고 뭐라고 써야 할지도 모르기 때문이다. 그러나 글은 써야 한다.' 이런 식으로 배열하는 겁니다. 글을 읽으면서 리듬감이 느껴질 거예요.

　글을 쓸 때 우리 친구들은 대부분 길게 늘여 써요. 중간중간에 접속사도 많이 쓰지요. 문장의 길이가 길어지면 말의 뜻을 전달하기가 어려워요. 문장 길이를 짧게 쓰는 것을 원칙으로 하고요. 설명이 필요한 부분만 조금 길게 늘여 쓰는 겁니다. 글에서 리듬감을 살릴 수 있는 전략이에요. 이렇게 쓰면 노래를 부르듯이 리듬감이 살아나서 읽는 재미가 생기거든요. 이제 이 전략을 연습해 보겠습니다.

　첫 번째 문제에서는 대류 현상을 설명하는 문제가 출제되었습니다. 학생 답안을 살펴보세요. 어떤 문제점이 보이나요?

과학 수행평가 기준안

단 원 명	2. 온도와 열	평가 시기	4월 4주
평가 내용	주위에서 열이 이동하는 예를 열의 이동으로 이해하기		
성취 기준	액체나 기체에서 대류 현상을 관찰하고 대류 현상에서 열의 이동을 설명할 수 있다.		
영 역	운동과 에너지	평가 유형	서술형
준비물	필기구	대상	개인
유의점	● 액체나 기체에서 대류 현상을 관찰하고 대류 현상에서 열의 이동을 설명할 수 있는지 평가한다. ● 액체나 고체에서 온도가 변하는 이유를 열의 이동과 관련지어서 설명한 경우에만 정답으로 인정한다. ● 3번 문항에서는 열이 이동하는 예를 찾은 경우에만 정답으로 인정하며, 1번과 2번의 예는 제외하고 다른 예를 찾아 서술하도록 안내한다.		
평가 기준	매우 잘함	액체와 고체에서의 온도가 변하는 예를 열의 이동과 관련지어 바르게 설명할 수 있다.	
	잘함	액체나 고체에서의 온도가 변하는 예를 열의 이동과 관련지어 설명할 수 있다.	
	보통	액체나 고체에서의 온도가 변하는 예를 한 가지 말할 수 있다.	
	노력 요함	액체나 고체에서의 온도가 변하는 예를 열의 이동과 관련지어 설명하는 데 어려움이 있다.	

예시 답안	1. 욕조에 담긴 물의 윗부분이 아랫부분보다 온도가 높은 까닭을 액체에서 열의 이동과 관련지어 설명해 보시오. 주위보다 온도가 높은 물이 위로 올라가기 때문에 욕조 윗부분의 물이 아랫부분의 물보다 온도가 높다. 2. 더운 여름에 교실 전체를 시원하게 하려면 에어컨을 교실의 어느 쪽에 설치하는 것이 가장 좋을지 기체에서의 열의 이동과 관련지어 설명해 보시오. 에어컨은 교실의 위쪽인 천장에 설치하는 것이 좋다. 왜냐하면 차가운 공기는 아래로 내려가기 때문이다. 3. 집 안의 온도가 오랫동안 높게 유지되는 집은 어떤 특징이 있는지 써 봅시다. 벽과 창문 등의 틈새를 꼼꼼하게 막아서 열이 빠져나갈 틈이 별로 없다. 벽 사이에 우드록과 뽁뽁이와 같은 단열 재료를 많이 넣었다.

과학 수행평가

2. 온도와 열

-열의 이동-

학년   반   번   이름(   )

1. 욕조에 담긴 물의 윗부분이 아랫부분보다 온도가 높은 까닭을 액체에서 열의 이동과 관련지어 설명해 보시오.

> 열은 뜨거운 열이 위로 올라가고 차가운 열은 밑으로 내려가기 때문에 욕조에 담긴 윗부분으로 뜨거운 물이 이동해서 물의 윗부분이 아랫부분보다 온도가 높다.

2. 더운 여름에 교실 전체를 시원하게 하려면 에어컨을 교실의 어느 쪽에 설치하는 것이 가장 좋을지 기체에서의 열의 이동과 관련지어 설명해 보시오.

> 위, 왜냐하면 차가운 공기가 밑으로 내려가기 때문에 에어컨을 위에 설치하면 차가운 공기가 밑으로도 내려가고 위에도 있기 때문에

3. 집 안의 온도가 오랫동안 높게 유지되는 집은 어떤 특징이 있는지 써 봅시다.

> 보온이 잘된다.

첫 번째 답안과 두 번째 답안은 문장의 길이가 무척 길어요. 두 문장으로 나눠 써도 될 것 같습니다. '열은 뜨거운 열이 위로 올라가고 차가운 열은 밑으로 내려가기 때문에 욕조에 담긴 윗부분으로 뜨거운 물이 이동해서 물의 윗부분이 아랫부분보다 온도가 높다'는 문장을 리듬감 있게 읽히도록 나눠 볼까요. '열은 뜨거운 열이 위로 올라간다. 차가운 열은 아래로 내려간다. 욕조에

담긴 물은 윗부분으로 뜨거운 물이 이동한다. 그래서 윗부분이 아랫부분보다 온도가 높다.' 이렇게 바꿀 수 있을 거예요. 짧게 쓰니까 문맥이 더 잘 보이죠. 뜻도 잘 전달되구요. 이렇게 쓰는 겁니다. 두번째 문장은 여러분이 짧은 문장 여러 개로 나눠 보세요.

두 번째 문제는 여러 가지 매체를 활용해서 인물을 소개하는 글쓰기입니다. 매체의 유형에 따라 글 읽기가 달라지는 점을 알고 매체 특성에 맞게 자료를 얻는 것이지요. 학생 답변을 보며 살펴보도록 하겠습니다.

국어 수행평가 기준안

단 원 명	5. 여러 가지 매체 자료	평가 시기	12월 2주
평가 내용	주위에서 열이 이동하는 예를 열의 이동으로 이해하기		
성취 기준	매체에 따른 다양한 읽기 방법을 이해하고 적절하게 적용하며 읽는다.		
영 역	읽기	평가 유형	조사 보고서
준비물	필기구	대상	개인
유의점	● 국어과 교수학습과정(206~209쪽)과 연계해서 평가할 수 있다. ● 매체 자료의 종류와 특성을 알고 적절한 매체를 통해서 알리고 싶은 인물에 대해 조사하여 소개할 수 있는지 평가한다. ● 조사 보고서는 제시된 양식 외에 다양한 방식으로 작성할 수 있도록 안내한다.		
평가 기준	매우 잘함	매체의 유형과 특성에 따라 다양한 읽기 방법이 있음을 알고, 목적에 적합한 다양한 매체를 활용하여 적절한 읽기 방법으로 필요한 정보를 얻을 수 있다.	
	잘함	매체의 유형에 따른 다양한 읽기 방법을 이해하고 목적에 적합한 매체를 선택해서 적절한 읽기 방법을 적용하여 읽을 수 있다.	
	보통	매체의 유형에 따른 다양한 읽기 방법 중 일부를 적용하여 목적에 필요한 정보를 얻을 수 있다.	
	노력 요함	매체의 유형에 따른 다양한 읽기 방법 중 일부를 적용하여 읽을 수 있다.	

예시 답안	
	[관찰 기록 체크리스트 예시] <여러 매체를 활용해서 알리고 싶은 인물 소개하기' 교사용 체크리스트> ※ 평가 항목 ① 알리고 싶은 인물을 조사하기에 적합한 매체를 다양하게 활용했는가? ② 매체 자료 읽기 방법을 적절하게 활용해서 매체 자료에서 제공하는 정보를 풍부하게 찾았는가? ③ 조사한 내용에서 필요한 정보를 추출해서 알아듣기 쉽게 소개했는가?

번호	이름	평가 항목 ①	평가 항목 ②	평가 항목 ③	평가 항목 ④
1	이용성	3	3	3	상
2	김금수	2	2	3	중
3	이미녀	1	2	1	하

국어 수행평가

여러 가지 매체 자료

-알리고 싶은 인물을 조사해서 소개하기-

학년   반   번 이름(   )

※ 알리고 싶은 인물을 다양한 매체에서 조사해 봅시다.

소개할 인물	일론 머스크
활용한 매체	**조사 내용**
웹사이트	일론 머스크는 미국의 기업인이다. 인공지능 회사 openAI, 온라인 결제 서비스 회사 x.com을 설립했고, 초고속 진공 열차 하이퍼루트 프로젝트를 기획했으며 도지코인의 열광팬이다. 또한, 지하 운송 시스템 더 보링 컴퍼니를 설립했으며 전기자동차 테슬라를 세계 최대의 자동차 제조사로 만들었다.
뉴스	테슬라의 주가의 폭락으로 최근 일론 머스크는 많은 손해를 봤다. 게다가 주주의 소송으로 재판까지 하면서 많이 힘든 상황이라고 한다. 또 점유율도 계속 하락하고 있다고 한다.
블로그	일론 머스크는 최근 계속적인 주가 하락으로 인해 1시간 40분 정도 동안 세계 2위 부자 타이틀을 LVMH기업의 베르나르 아르노 회장에게 넘겨줬다고 했다.

이 친구가 선택한 매체는 웹사이트와 뉴스, 블로그입니다. 이 세 가지 매체가 어떻게 차이가 있는지 알겠나요? 비슷하면서도 조금씩 차이가 있을 거예요. 웹사이트는 다양한 유형의 사이트가 공존하죠. 객관적인 자료와 글쓴이의 의도가 담긴 글이 섞여 있어요. 사실과 의견을 구분하여 읽는 것이 필요한 매체지요. 뉴스는 보다 객관적인 자료를 출처를 정확히 남기며 전달합니다.

블로그는 운영자의 사견이 많이 개입되는 매체라는 특징이 있어요.

이 세 가지 매체에서 필요한 정보를 잘 취사선택해서 담았습니다. 점수를 받기에 크게 무리가 있지는 않지만 이런 조사를 할 때는 매체의 특성을 잘 고려하며 담고 나서 반드시 출처를 남기는 것이 좋겠어요. 어느 뉴스에서, 어떤 블로그나 사이트에서 정보를 가져왔는지 소개하며 정보를 정리했으면 하는 아쉬움이 있습니다.

다음은 비유를 활용하여 시 쓰기입니다. 시의 표현 방식 중에 비유를 어떻게 활용할 것인지를 연습하는 문제입니다. 리듬감을 살리는 글쓰기의 대표적인 수단이 시에요. 시는 짧은 단어의 반복을 통해 리듬감을 살려내지요. 리듬을 살려내면서 비유가 잘 드러내도록 시를 쓰는 것이 관건이 되겠네요. 대상의 특징을 잘 드러내도록 비유를 했는지 아래 예시 답안을 살펴봅시다.

국어 수행평가 기준안

6학년 1학기

단 원 명	1. 비유하는 표현		
평가 내용	비유적 표현을 활용하여 시 쓰기		
성취 기준	다양한 언어생활 장면에서 생각과 느낌을 비유적으로 표현할 수 있다. 문학은 가치 있는 내용을 언어로 표현하여 아름다움을 느끼게 하는 활동임을 이해하고 문학 활동을 한다.		
영 역	문학	평가 유형	서술형
준비물	필기구	대상	개인

유의점	● 국어과 교수학습과정안(44~51쪽)과 연계해서 평가할 수도 있다. ● 대상의 특징을 살리는 비유적 표현을 활용하여 자신의 생각과 느낌을 시로 표현할 수 있는지 평가한다. ● 시를 낭송하는 것과 다른 사람의 시를 감상하는 태도도 모두 평가에 반영한다.	
평가 기준	매우 잘함	대상의 특징을 잘 살리는 비유적 표현을 효과적으로 활용하여 자신의 생각과 느낌을 시로 표현할 수 있다.
	잘함	비유적 표현을 활용하여 자신의 생각과 느낌을 시로 표현할 수 있다.
	보통	자신의 생각과 느낌을 시로 표현하였지만, 대상의 특징을 비유적으로 표현하지 못했다.
	노력 요함	자신의 생각과 느낌을 간단한 시로 표현할 수 있지만, 대상의 특징을 비유적으로 표현하지 못했다.
예시 답안	1. 자신이 시로 쓰고 싶은 대상과 비유할 대상을 써 봅시다. 표: 시로 쓰고 싶은 대상 / 할머니 비유할 대상 / 공통점 (시로 쓰고 싶은 대상, 비유할 대상) 번데기 / 주름이 있다. 마법사 / 무엇이든지 잘 만든다. 2. 위에서 정한 내용을 바탕으로 비유적 표현이 드러나게 시를 써 봅시다. 할머니 할머니는 번데기 같다. 할머니의 이마에 있는 주름은 번데기의 주름 쭈글쭈글 울퉁불퉁 할머니는 마법사 무엇이든지 금방 뚝딱 만들어 낸다. 내가 원하는 것을 말만하면 만들어 내는 우리 할머니 할머니 사랑해요. 마법사처럼 오래오래 사세요.	

1. 비유하는 표현

-비유적 표현을 활용하여 시 쓰기-

학년   반   번 이름(   )

1. 자신이 시로 쓰고 싶은 대상과 비유할 대상을 써 봅시다.

시로 쓰고 싶은 대상	나
비유할 대상	공통점 (시로 쓰고 싶은 대상, 비유할 대상)
거울	정직하다
거북이	성실하다
호수	마음이 잔잔하다

2. 위에서 정한 내용을 바탕으로 비유적 표현이 드러나게 시를 써 봅시다.

나는 거울이다
모든 것을 그대로
비추는 거울처럼
나는 정직하다.

나는 거북이다.
열심히 달려 결국
우승한 거북이처럼
나는 성실하다.

나는 호수다
돌을 던져도 결국엔
잠잠해지는 호수처럼
내 마음은 잔잔하다.

나는 나다.
그리고 나는
스스로를 사랑한다.

학생 자신의 모습을 비유로 표현했네요. 정말 멋진데요. 자신의 특징을 사물로 빗대어 표현한 점이 참 좋아요. 거울이나 거북이, 호수 하면 떠오르는 대표 이미지가 있지요. 거울은 정직함, 거북이는 성실함, 호수는 잔잔함인데요. 그 요소를 잘 살려서 시로 표현했습니다. 2. 3연에서 사용된 '결국'이라는 말과 '그리고'가 시에서 잘 쓰이는 단어가 아니지만요. 그 단어들을 시의 기법을 조금만 더 연습하면 아주 좋은 시를 쓸 수 있을 것 같아요. 평소 자신의 이미지를 잘 생각해 둔 덕분에 어렵지 않게 시를 쓸 수 있었네요. 이렇게 자신이 갖고 있는 생각이 그대로 드러나는 게 글입니다. 평소에 생각을 다듬고 키워나가면 좋겠어요.

1) 우리 민족의 과거와 미래 (홍대부초 5-2)

성취 기준		영, 정조 시기의 조선 후기부터 6·25전쟁에 이르기까지의 역사적 사건과 우리 민족의 생활 모습을 다양한 역사적 사건과 사료를 통해 탐색하고, 우리의 현재와 미래에 대해 생각해 본다.
평가 기준	매우 잘함	영, 정조 시기의 조선 후기부터 6·25전쟁에 이르기까지의 역사적 사건과 우리 민족의 생활 모습을 이해하고, 나라의 발전에 기여한 주요 인물의 활동을 중심으로 나라가 성장하는 모습을 설명할 수 있다.
	잘함	영, 정조 시기의 조선 후기부터 6·25전쟁에 이르기까지의 역사적 사건과 우리 민족의 생활 모습을 이해하고, 나라의 발전에 기여한 주요 인물의 활동을 중심으로 나라가 성장하는 모습을 제시할 수 있다.
	보통	영, 정조 시기의 조선 후기부터 6·25전쟁에 이르기까지의 역사적 사건과 우리 민족의 생활 모습을 이해하고, 나라의 발전에 기여한 주요 인물의 활동에 대해 말할 수 있다.
	노력 바람	영, 정조 시기의 조선 후기부터 6·25전쟁에 이르기까지의 역사적 사건과 우리 민족의 생활 모습을 이해하고, 나라의 발전에 기여한 주요 인물의 활동에 대한 내용을 수업 흐름에 따라 정리한다.
평가 방법		지필평가, 수행평가(학습장)
관련 단원		2. 사회의 새로운 변화와 오늘날의 우리

사회 수행평가

우리 민족의 과거와 미래

활동 과제

1. 영조와 정조대왕의 조선 후기부터 6·25전쟁에 이르기까지 역사적 사건과 우리 민족의 생활 모습을 써 보고 나라의 발전에 기여한 주요 인물의 활동 중심으로 나라의 성장을 서술하세요.

역사적 사건	
우리 민족의 생활 모습	
역사적 인물의 활동	
나라의 성장 모습	

꿀샘의 꿀팁

매우 잘함의 평가 기준인 '영, 정조 시기의 조선 후기부터 6·25전쟁에 이르기까지의 역사적 사건과 우리 민족의 생활 모습을 이해하고, 나라의 발전에 기여한 주요 인물의 활동을 중심으로 나라가 성장하는 모습을 설명할 수 있다.'를 나타낼 수 있는 글을 쓰는 것이 목표예요. 해야 할 일이 역사적 사건과 우리 민족의 생활 모습을 그려 보는 것입니다. 역사적 사건은 객관적인 사실을 전달하는 거죠. 생활상은 묘사처럼 그림을 그리듯이 쓰면 됩니다. 어떻게 생활했는지 장면을 보고 하나하나 설명하듯이 쓰면 됩니다. 인물의 활동은 내용이 잘 드러나도록 짧은 문장으로 쓰고 나라의 성장 모습은 객관적인 자료를 늘어놓아 이해가 가능하도록 쓰도록 하세요. 쓰는 글의 내용에 따라서 같은 내용이라도 조금씩 다른 표현을 할 수 있을 거예요. 딱딱하고 객관적인 표현을 많이 쓰는 글과 생생하고 역동적인 단어를 쓰는 글은 느낌부터가 다르니까요. 이 글의 성격을 어떻게 할 것인가 정한 다음 단어를 적절히 선택해서 쓰면 된답니다.

2) 위인에게 편지쓰기 (동북초 5-2)

영역	역사	
단원 (성취 기준)	2-2. 일제의 침략과 광복을 위한 노력 [광복을 위하여 힘쓴 인물(이회영, 김구, 유관순, 신채호 등)의 활동을 파악하고, 나라를 되찾기 위한 노력을 소중히 여기는 태도를 기른다.]	
성취 수준	잘함	광복을 위하여 힘쓴 주요 인물의 활동을 역사적 사건과 관련지어 설명하고, 나라를 되찾기 위한 노력을 소중히 여기며 감사하는 마음을 표현할 수 있다.
	보통	광복을 위하여 힘쓴 주요 인물의 활동을 제시하고, 나라를 되찾기 위한 노력에 감사하는 마음을 표현할 수 있다.
	노력 요함	광복을 위하여 힘쓴 인물을 파악하고 감사하는 마음을 표현할 수 있다.
평가 방법	편지 쓰기	
교과 역량	문제 해결력, 의사 결정력, 정보 활용 능력	

광복을 위해 애쓴 위인에게 편지 쓰기

활동 과제

1. 광복을 위해 힘쓴 인물의 활동을 역사적 사건과 연결해서 설명해 보세요.

2. 한 명의 인물을 정해 위인에게 편지를 써 보세요.

꿀샘의 꿀팁

위인에게 편지를 쓰려면 객관적인 사실이 필요해요. 위인이 나라를 위해서 어떤 일을 했는지 말이죠. 우선 그 위인의 활약상을 조사한 다음 그것에 대한 자신의 느낌을 쓰면 됩니다. 객관적인 활약상을 쓸 때는 명확하게 사실만을 쓰도록 합니다. 정확한 자료인지 확인해서 써요. 그다음 위인에 대한 감사의 표현을 쓸 때는 감정을 나타내는 단어를 많이 쓰는 게 좋겠어요. 얼마나 감사한지를 비유를 나타내서 쓴다거나 묘사를 활용해서 쓴다면 더 전달이 잘될 거예요. '너무너무 감사합니다.'라는 표현보다는 '이토 히로부미를 향해 폭탄을 던지시려 했을 때 얼마나 가슴이 뛰셨을까요. 마치 백 미터 달리기를 할 때처럼요. 심장이 터지실 것 같았겠죠. 얼마나 무서웠을까요? 악몽을 꾸었을 때처럼요. 온몸에 식은땀이 나셨겠지요. 떨림을 이겨내시고 오직 나라를 위해서 목숨까지 포기하며 폭탄을 던지신 마음. 정말 온마음을 다하여 감사를 드립니다.'라고 표현하는 것은 어때요. 많은 차이가 느껴지지요. 이렇게 써 보면 됩니다. 생동감 있게 자신의 느낌을 표현할 수 있도록 연습해 보세요. 리듬감이 살아 있는 멋진 글이 될 거예요.

3) 자신의 생각을 글로 나타내기 (경기초 5-2)

단원	4. 글쓰기의 과정	
평가 내용	자신의 생각을 글로 나타내기	
영역	쓰기	
평가 방법	서술 평가	
평가 기준	매우 잘함	경험을 떠올려 시간 흐름과 장소 변화에 따라 내용을 자세하게 정리하며 글의 흐름에 맞게 자신의 생각을 구체적으로 쓸 수 있다.
	잘함	경험을 떠올려 시간 흐름과 장소 변화에 따라 내용을 정리하며 자신의 생각을 쓸 수 있다.
	보통	경험을 떠올려 시간 흐름과 장소 변화에 따라 자신의 생각을 간단하게 쓸 수 있다.
	노력 요함	경험을 떠올려 자신의 생각을 간단하게 쓸 수 있다.

198

국어 수행평가
자신의 생각을 글로 나타내기

활동 과제

1. 자신의 경험 중 하나를 선택해서 시간의 흐름에 따라 정리해 보세요.

처음	
시작	
끝	

2. 자신의 경험 중 하나를 선택해서 장소 변화에 따라 정리해 보세요.

장소1	
장소2	
장소3	

3. 위 두 가지 경험 중에서 하나를 골라 흐름에 맞게 경험을 글로 써 보세요.

_____

_____

_____

_____

_____

_____

_____

_____

_____

_____

_____

_____

_____

_____

_____

_____

_____

_____

_____

_____

_____

_____

꿀샘의 꿀팁 ────────────────────

우리는 하나의 경험을 시간과 장소에 따라서 구분해서 기억할 수 있습니다. 내가 아파서 입원을 했던 경험이라면 장소에 따라 기억이 달라질 거예요. 작은 병원에 갔다가 응급실로, 다시 대형 병원 입원실로 이어지면서 다른 경험을 하게 되겠죠. 시간에 따라 달라지는 것도 있어요. 운동회에서의 경험을 적는다면 개회식에서부터 반별 대항 경기, 개인 경기로 시간에 따라 다른 경험들이 쌓이게 되죠.

글을 쓸 때 시간이나 장소에 변화에 따라 글을 쓰면 훨씬 더 리듬감 있는 글을 쓸 수 있답니다. 시간을 역순으로 해서 뒤에 있었던 일을 먼저 쓰고 회상 장면으로 이어지게 써 본다면 지루하지 않은 글이 되겠죠. 장소도 마찬가지예요. 이곳저곳 옮길 때마다 장소에 따라 분위기가 달라지며 글의 활력을 줄 수 있어요. 한 가지 경험이라도 이렇게 변화를 주면 색다르게 표현할 수 있답니다. 내가 쓰고자 하는 경험을 시간순으로 혹은 장소별로 어떻게 구분지어 표현할 수 있을지 생각해 보고 글의 얼개를 짜 보세요. 재미있게 구성할 수 있을 거예요.

4) 날짜를 나타내는 문장 (경기초 6-1)

단원명	3. When Is Earth Day?	평가 시기	4월 3주
평가 내용	일상생활 속의 친숙한 주제에 관한 쉽고 짧은 글을 읽고 세부 정보를 파악할 수있다.		
영역	• 날짜를 나타내는 문장을 읽고 그 의미를 이해할 수 있는지 평가한다. • 문항의 내용은 교사가 읽어 주는 것이 아니라 학생 스스로가 읽고 그 의미를 파악하여 답할 수 있도록 진행한다. • 그림의 그 의미를 잘 이해하지 못하는 학생이 있으면 그림의 그 의미를 설명해 주도록 한다.		
평가 기준	매우 잘함	날짜를 나타내는 여러 가지 문장을 읽고 그 의미를 정확하게 이해할 수 있다.	
	잘함	날짜를 나타내는 여러 가지 문장을 읽고 그 의미를 대부분 이해할 수 있다.	
	보통	날짜를 나타내는 여러 가지 문장을 읽고 그 의미를 대체로 이해할 수 있다.	
	노력 요함	경험을 떠올려 자신의 생각을 간단하게 쓸 수 있다.	

영어 수행평가

날짜 나타내는 문장쓰기

활동 과제

1. 다음 문장에 해당되는 날짜를 써 보세요.

■ When is your birthday?

▶ It's on November 14th.   ⟶   (　　)월 (　　)일

▶ It's on April 2nd.   ⟶   (　　)월 (　　)일

▶ It's on January 4th.   ⟶   (　　)월 (　　)일

▶ It's on August 1st.   ⟶   (　　)월 (　　)일

▶ It's on July 5th.   ⟶   (　　)월 (　　)일

▶ It's on December 10th.   ⟶   (　　)월 (　　)일

▶ It's on February 22th.   ⟶   (　　)월 (　　)일

▶ It's on May 3rd.   ⟶   (　　)월 (　　)일

▶ It's on October 28th.   ⟶   (　　)월 (　　)일

▶ It's on June 11th.   ⟶   (　　)월 (　　)일

▶ It's on September 21st.   ⟶   (　　)월 (　　)일

▶ It's on March 30th.   ⟶   (　　)월 (　　)일

<경기초 실제 수행평가 문제 참고>

꿀샘의 꿀팁

영어 문장에는 강세와 억양이 있지요. 영어와 우리말과 다르게 재미있게 느껴지는 부분이에요. 강세와 억양을 어떻게 내느냐에 따라 전혀 다른 의미가 되잖아요. 의사 전달이 안 되기도 하고요. 영어에서 이런 부분을 잘 살려내는 사람이 영어를 잘하는 사람이죠. 영어에서 이런 악센트를 잘 살려서 수행평가에 활용할 수 있어요. 날짜를 쓰고 읽을 때 강세 포인트를 단어별로 살려가며 읽고 쓰는 거죠. 심심하게 단어만 쓰는 것보다 훨씬 재미있어요. '이 단어는 강세가 어디 있었지? 이 문장은 어떻게 읽는 거지' 생각하며 단어를 익혀 보세요. 공부할 때 그렇게 해두면 답을 작성할 때도 훨씬 잘 떠올라요. 리듬감이 있기 때문이죠. 이렇게 공부하면서 리듬감을 활용해 보세요. 여러분의 기억력을 높이는 데 도움이 된답니다.

5) 올바른 우리말 사용 (충암초 6-1)

영역		적절한 근거와 알맞은 표현을 사용하여 주장하는 글을 쓴다.
성취 기준		올바른 우리말 사용에 대해 글쓰기
평가 기준	매우 잘함	사례를 조사한 내용을 바탕으로 하여 올바른 우리말 사용에 대한 주장하는 글을 짜임에 맞게 잘 쓴다.
	잘함	사례를 조사한 내용을 바탕으로 하여 올바른 우리말 사용에 대한 주장하는 글을 짜임에 어느 정도 맞게 쓴다.
	보통	사례를 조사한 내용을 바탕으로 하여 올바른 우리말 사용에 대한 주장하는 글을 쓴다.
	노력 요함	사례를 조사한 내용을 바탕으로 하여 올바른 우리말 사용에 대한 주장하는 글을 쓰기 어려워한다.

국어 수행평가

올바른 우리말 사용에 대해 글쓰기

활동 과제

1. 학생들이 많이 쓰는 줄임말에 대하여 조사해서 적어 보세요.

줄임말	

2. 줄임말을 조사하며 느낀 올바른 우리말 사용의 필요성에 대해 서론, 본론, 결론이 잘 드러나도록 주장하는 글을 써 보세요.

꿀샘의 꿀팁

주장하는 글을 잘 쓰는 법은 무엇일까요? 먼저 내가 주장하고자 하는 내용을 확실하게 정하는 게 필요해요. 나는 줄여 쓰는 말에 대해 어떤 생각을 가지고 있나요? 나도 줄임말을 많이 쓰기는 하지만 잘못된 것이라고 생각할 수 있어요. 혹은 어느 정도의 줄임말은 괜찮다고 생각할지도 몰라요. 자신의 입장을 하나 정하세요. 이랬다저랬다 하며 주장이 헷갈리는 글을 쓰지 않을 수 있어요. 자기주장이 정해졌다면 그에 따른 근거나 이유를 써야 합니다. 왜 반대하는지, 찬성하는지를 정확한 이유와 근거를 뒷받침해서 설명하는 거예요. 아직 주장에 대한 명확한 근거를 제시하긴 어려울 수 있지만 자신이 그렇게 생각하게 된 이유를 정확히 제시하는 거죠. 이때 예시나 사례를 들면 좋아요. 주장이 확실한 힘을 얻게 되거든요. 내가 줄임말을 썼을 때 곤란했던 상황이나 줄임말이 구성원 간의 서먹함을 없애 주었던 예시를 통해서요. 자신의 주장의 설득력을 높일 수 있어요. 마지막으로 글을 정리하면서 자신의 주장을 정리해 주면 된답니다.

서론(주장) – 본론(근거와 예시) – 결론(주장)을 통해서 논설문을 완성하면 됩니다. 아직 어려운 주제의 논설문은 어렵지만 여러분이 자주 사용하는 말에 대한 논설문부터 가볍게 시작해 보세요. 논설문 쓰기 기초 연습에 좋답니다.

6) 우리 경제의 특징 알기 (중대부초 6-1)

성취 기준	여러 경제 활동의 사례를 통해 자유 경쟁과 경제 정의의 조화를 추구하는 우리나라 경제 체제의 특징을 설명한다.
관련 단원	3. 우리나라의 경제 발전
영역	일반사회
평가 내용	경제 활동의 모습에서 우리 경제의 특징 알기
방법	논술형
배점	매우 잘함, 잘함, 보통, 노력 요함

사회 수행평가

우리 경제의 특징

활동 과제

1. 우리나라 경제의 특징에 대해서 조사해서 적어 보세요.

경제 활동 사례	
우리나라 경제의 특징	

여러 경제 활동의 사례를 통해 자유 경쟁과 경제 정의의 조화를 추구하는 우리나라 경제 체제의 특징을 설명하는 것이 성취 기준입니다. 자세한 평가 기준의 지표가 나와 있지 않은 경우인데요. 내가 선생님이 된다면 어떤 기준으로 이 과제를 평가할 거 같나요. 내가 매우 잘함과 잘함, 보통, 노력 요함의 기준을 한번 정해 보겠어요? 선생님의 입장이 되어서 내가 기준을 마련해 보는 거죠. 출제자의 입장에서 생각해 보는 거예요.

내가 만약 출제를 하고 점수를 주게 되면 어떤 것을 기준으로 할까 생각해 보는 것은 역으로 내가 글을 쓸 때도 도움이 된답니다. 이렇게 쓰면 더 좋은 점수를 받을 수 있음을 짐작할 수 있게 되니까요. 입장 바꿔서 생각해 보기가 쉽지는 않지만 이 책에서 제시된 평가 기준안의 예시들을 참고해서 작성해 보세요. 여러분이 앞으로 수많은 수행평가를 하는 데 도움이 될 거예요. 목표를 나눠 보면 목표에 대해 더 잘 알 수 있게 돼요. 그것이 답안을 작성할 때도 명확한 가이드를 제공해 줄 겁니다.

7) 압력 변화에 따른 기체 부피 변화 (대곡초 6-1)

영역	물질	
단원	3. 여러 가지 기체	
성취 기준	압력에 따라 기체의 부피가 달라지는 현상을 관찰하고 일상생활에서 이와 관련된 사례를 찾을 수 있다.	
평가 기준	매우 잘함	압력 변화에 따른 기체와 액체의 부피 변화를 잘 설명할 수 있고, 일상생활에서 압력 변화에 따른 기체의 부피 변화와 관련된 예에 대해 잘 설명할 수 있다.
	잘함	압력 변화에 따른 기체와 액체의 부피 변화를 설명할 수 있고, 일상생활에서 압력 변화에 따른 기체의 부피 변화와 관련된 예에 대해 설명할 수 있다.
	보통	압력 변화에 따른 기체와 액체의 부피 변화를 알고 있고, 일상생활에서 압력 변화에 따른 기체의 부피 변화와 관련된 예를 알고 있다.

과학 수행평가

압력에 따라 달라지는 기체 부피 변화

활동 과제

1. 물이 든 플라스틱 스포이트의 입구를 막고 머리 부분을 손가락으로 누르면서 공기의 부피가 어떻게 달라지는지 관찰해 써 봅시다.

---

2. 주사기 한 개에는 공기 40mL, 다른 주사기 한 개에는 물 40mL를 넣고, 주사기 입구를 손가락으로 막습니다. 주사기 피스톤을 약하게 누를 때와 세게 누를 때의 부피 변화를 관찰해 써 봅시다.

구분	피스톤을 약하게 누를 때	피스톤을 세게 누를 때
공기 40mL		
물 40mL		

3. 압력을 가한 정도에 따라 기체와 액체의 부피는 어떻게 달라지는지 써 보세요.

기체의 부피		엑체의 부피
	압력을 약하게 가할 때	
	압력을 세게 가할 때	

4. 생활 속에서 기체에 압력을 가할 때에 부피가 변하는 예를 찾아봅시다.

<경기초 실제 수행평가 문제 참고>

압력 변화에 따른 기체와 액체의 부피 변화를 잘 설명하고 일상생활에서 압력 변화에 따른 기체의 부피 변화와 관련된 예를 살펴보는 문제입니다. 과정 과정을 나눠서 보는 문제인데 실제 실험하는 과정을 잘 따라가면서 작성을 하면 됩니다. 관찰한 내용을 꼼꼼하게 적어 내려가다 보면 결론에 도달할 수 있는 방식이지요.

아무리 좋은 답안이 리듬감이 중요하다고 해도 정확한 내용을 적는 것이 가장 중요하다는 것을 알게 해 주는 문제입니다. 결국 답이 맞아야 한다는 겁니다. 이것은 수업 시간에 배운 내용을 확실하게 알아야 가능한 일입니다. 수행평가는 과정 중심 평가로 수업 시간에 수업 목표를 달성할 수 있도록 설계하는 겁니다. 수업에서 배우지 않은 것을 다루지는 않아요. 수행평가의 모든 전략을 다 사용해도 가장 중요한 것은 수업 시간에 충실한 겁니다. 그 충실한 과정에서 배움이 제대로 일어나야 한다는 것을 기억하세요. 배움에 대한 결과로 수행평가가 채워져야 한다는 것은 변하지 않는 절대불변의 전략이랍니다.

수행평가 전략 09

낯설게 하기로 창의적으로 써라.

우리는 창의성에 대한 무한 부담을 갖고 있는 것 같아요. 지식을 쓰는 것만도 어려운데 창의적으로 무언가를 쓰기는 정말 어렵지요. 창의적이라는 게 무슨 의미인지도 잘 모르잖아요. 그런 우리에게 창의적 글쓰기가 부담스러운 것은 당연한 얘기일 거예요. 그렇지만 남들과 다른 차별점을 주기 위해서는 창의적인 글쓰기가 포함되어야 합니다.

창의적으로 쓴다는 것은 무슨 의미일까요? 창의적인 것은 낯선 것입니다. 처음 보는 것을 만들어 내는 능력을 창의적이라고 하잖아요. 유명한 시에서 '내 마음은 호수'라고 합니다. 내 마음이 호수라니 정말 창의적이에요. 새롭잖아요. 이 창의성은 바로 마음과 호수라는 전혀 어울리지 않는 사물을 연결하는 것에서 시작됩니다. 낯설게 하기란 그런 뜻이에요. 늘 만나는 것들을 전혀 다른 것과 연결해서 보는 거지요. 우리도 할 수 있습니다. 다만 이렇게 연결 지으려면 자신이 갖고 있는 배경 지식이 풍부하면 더더욱 좋습니다. 낯설게 연결할 때 선택할 수 있는 폭이 넓어지니까요. 이렇게 연결할 수 있는 것들을 많이 늘려 놓으세요. 재미있게 창의적으로 글을 써 나가는 데 도움이 될 거예요.

첫 번째 수행평가 문제는 경험을 떠올려 시간 흐름과 장소 변화에 따라 내용을 자세하게 정리하며 글의 흐름에 맞게 자신의 생각을 구체적으로 쓰는 것이 목표입니다. 항상 글을 쓰기 전에 글의 목표를 정해야 해요. 이 글은 시간이나 장소 변화에 따라서 내 생각을 구체적으로 쓰는 것이 목표네요. 시간의 흐름으로 할지 장소의 변화를 택할지 경험에 따라 선택은 달라질 거예요. 예시 답안은 어떤 방법을 선택했는지 볼까요.

국어 수행평가 기준안 (경기초)

5학년 1학기

단 원 명	4. 글쓰기의 과정		
평가 내용	자신의 생각을 글로 나타내기		
성취 기준	쓰기는 절차에 따라 의미를 구성하고 표현하는 과정임을 이해하고 글을 쓴다. 국어의 문장 성분을 이해하고 호응 관계가 올바른 문장을 구성한다.		
영 역	쓰기	평가 유형	서술 평가
준비물	필기구	대상	개인
유의점	● 국어과 교수학습과정(142~145쪽)과 연계해서 평가한다. ● 경험을 떠올려 시간 흐름과 장소 변화에 따라 자신의 생각을 글로 나타낼 수 있는지 평가한다. ● 주제를 정해서 글을 완성하는 과정을 모두 평가에 반영한다.		
평가 기준	매우 잘함	경험을 떠올려 시간 흐름과 장소 변화에 따라 내용을 자세하게 정리하며 글의 흐름에 맞게 자신의 생각을 구체적으로 쓸 수 있다.	
	잘함	경험을 떠올려 시간 흐름과 장소 변화에 따라 내용을 정리하며 자신의 생각을 쓸 수 있다.	
	보통	경험을 떠올려 시간 흐름과 장소 변화에 따라 자신의 생각을 간단하게 쓸 수 있다.	
	노력 요함	경험을 떠올려 자신의 생각을 간단하게 쓸 수 있다.	

예시 답안:

[관찰 기록 체크리스트 예시]

<'자신의 생각을 글로 쓰기' 교사용 체크리스트>

《평가 항목》

① 경험이 잘 드러나도록 글로 썼는가?

② 문장 성분이 호응하도록 글을 썼는가?

번호	이름	평가 항목 ①	평가 항목 ②	평가 항목 ③	결과
1	이기설	3	3	3	하
2	강형문	2	2	3	중
3	이현순	1	2	1	하

국어 수행평가

4. 글쓰기의 과정

-자신의 생각을 글로 나타내기-

학년   반   번 이름(   )

※ 자신의 생각을 글로 나타내어 봅시다.

수행 과제

◆ 자신의 경험 떠올리고 글로 쓸 내용 정하기

◆ 글에 알맞은 제목 붙여서 글로 쓰고 문장의 호응 관계를 생각하며 고쳐 쓰기

◆ 고쳐 쓴 글을 느낀 점 써 보기

1. 나의 생각을 글로 쓴 후 문장의 호응 관계를 생각하며 고쳐 써 봅시다.

자전거

3학년 때 처음으로 자전거를 타게 되었다. 자전거는 예전에도 타보고 싶었지만 시간도 없고 배우기가 귀찮고 어려워서 안 배우고 있었는데 이번에 따릉이 새싹이 생겨나면서 자전거를 빌려서 타는 것을 연습하게 됐다. 처음에 연습을 할 때 책에서 자전거 연습을 하는 것처럼 엄마가 밀어주다가 놓는 방식으로 연습을 했는데 첫 번째 날에는 너무 잘 안 돼서 어렵다고 생각을 했고 두 번째 날에는 조금 타게 되었다. 그리고 세 번째 날인가에 조금 타서 혼자 아무 도움 없이 혼자 타는 것을 연습하게 되었다. 그 과정에서 아빠가 화를 냈지만 그래도 나중에는 자전거를 조금씩 타게 되었다. 그래서 자전거를 완전히 타게 되었을 때쯤 가족들과 함께 공원을 돌았는데 조금 사고가 나려고 하긴 했지만 재미있었다. 그리고 자전거를 이제 좀 잘 타게 되었을 쯤에 샛강공원 자전거 길을 가족과 함께 돌았는데 사람도 안 다니고 속도도 빨리 낼 수 있어서 정말 재미있었다.

2. 글을 고쳐 써 보고 느낌을 써 보세요.

고치다 보니 틀린 곳이 많았다.
문장이 너무 길게 연결된 거 같다.
같은 단어를 많이 반복했다.

시간의 흐름에 따라서 자신의 경험을 정리했네요. 자전거를 배운 첫날부터 두 번째 날, 잘 타게 되는 날까지 순서대로 배열을 했는데 조금 더 창의성을 발휘하려면 시간의 흐름을 바꿔 봐도 좋았겠어요. 자전거를 타고 신나게 공원을 달리면서 자전거 처음 배우던 날을 회상해 보는 거죠. 서툴렀던 기억이 떠오르면서 자전거를 잘 타고 있는 지금의 모습이 더 부각될 테니까요. 지금의 글도 무난하긴 하지만 한 가지 포인트만 바꿔도 조금 더 재미있고 완성도 있는 글이 될 수 있답니다.

고쳐 써 보면서 느낌을 써 보는 과정을 통해 자기 글을 한 번 더 살펴보았지요. 표현에 대한 느낌이 많네요. 접속사를 많이 쓰는 습관이 있는데 그건 발견하지 못했군요. 그것까지 발견했다면 더 좋았겠지만 지금 자신의 글을 읽고 찾아낸 것만으로도 시작이 좋아요. 가볍게 시작해서 점점 좋아지면 되는 거니까 한 걸음 한 걸음 나아가면 된답니다.

다음 문제는 독도를 지키려는 조상들의 노력을 역사적 자료를 통하여 살펴봅니다. 독도의 위치 등 지리적 특성에 대한 이해를 바탕으로 하여 영토 주권의식을 기르고 독도가 우리나라 영토임을 주장하는 글을 쓰는 내용입니다. 초·중·고 과정에서 자주 등장하는 글쓰기 주제인데요.

특히 유의해야 할 사항으로 독도에 관련된 자료는 평가 전에 미리 안내하여 조사해 오도록 해요. 혹은 평가 시간에 인터넷이 가능한 스마트 기기 등을 이용하여 조사하도록 한다고 되어 있습니다. 이 부분에서 여러분이 한 가지 참고해야 할 것이 있어요. 인터넷으로 검색한 자료를 통해 평가 내용을 작성할 경우예요. 인터넷 자료를 복사해서 붙이기 하는 친구들이 많습니다. 네이버에서 지식인에게 물어보고 나서 답변을 그대로 옮기는 친구들도 간혹 있지요. 이런 습관은 위험합니다. 저작권이라는 것이 있어요. 인터넷 자료를 그대로 복사해서 붙이면 안 됩니다. 인터넷에서 자료를 찾더라도 자기 말로 다시 정리할 수 있어야 하고요. 출처를 밝히는 습관을 가져야 안전하게 자료를 활용할 수 있답니다.

사회 수행평가 기준안

단 원 명	2. 통일 한국의 미래와 지구촌의 평화	평가 시기	2월 2주
평가 내용	독도를 지키기 위해 노력한 인물 및 사료와 독도의 위치 등 지리적 특성에 대한 자료 조사하기		
성취 기준	독도를 지키려는 조상들의 노력을 역사적 자료를 통하여 살펴보고, 독도의 위치 등 지리적 특성에 대한 이해를 바탕으로 하여 영토 주권 의식을 기른다.		
영 역	정치	평가 유형	조사 보고서
준비물	필기구	대상	개인 또는 모둠
유의점	● 독도를 지키기 위해 노력한 인물 및 사료와 독도의 위치 등 지리적 특성에 대한 자료를 조사하여 독도가 우리나라 땅임을 설명할 수 있는지 평가한다. ● 독도에 관련된 자료는 평가 전에 미리 안내하여 조사해 오도록 하거나 평가 시간에 인터넷이 가능한 스마트 기기 등을 이용하여 조사하도록 한다. ● 독도가 우리 땅임을 증명할 수 있는 구체적인 근거를 들어서 설명했는지 확인한다.		
평가 기준	매우 잘함	독도를 지키기 위해 노력한 역사적 인물 및 사료와 독도의 위치 등 지리적 특성에 대한 자료를 구체적으로 조사하여 독도가 우리나라의 고유 영토임을 설명할 수 있다.	
	잘함	독도를 지키기 위해 노력한 역사적 인물 및 사료와 독도의 위치 등 지리적 특성에 대한 자료를 조사해서, 독도가 우리나라의 고유 영토임을 나타내는 근거를 제시할 수 있다.	
	보통	독도를 지키기 위해 노력한 역사적 인물 및 사료와 독도의 위치 등 지리적 특성에 대한 자료를 간단하게 조사해서, 독도가 우리나라의 고유 영토임을 말할 수 있다.	
	노력 요함	독도를 지키기 위해 노력한 역사적 인물 및 사료와 독도의 위치 등 지리적 특성에 대한 자료를 살펴보고, 독도가 우리나라의 고유 영토임을 인식할 수 있다.	

2. 통일 한국의 미래와 지구촌의 평화

-독도가 우리나라 영토라는 자료 조사하기-

학년   반   번 이름(   )

※ 독도에 관한 자료를 조사하여 독도가 우리 영토임을 알리는 글을 써 봅시다.

지리적 증거	독도가 지리적으로 얼마나 본토에 가까운지를 살펴본다. 독도는 울릉도에서 87.4km 떨어져 있다. 일본의 오키섬과 157.5km 떨어져 있다. 당연히 우리나라에 더 가까우니 우리 땅이다.
역사적 증거	삼국 시대 신라 지증왕 때, 이사부가 우산국(울릉도와 독도)을 정복했다는 내용부터 고려, 조선 시대에 독도가 우리 땅이라는 기록이 있다. 1877년 일본 태정왕이 울릉도와 독도가 조선의 영토임을 알리는 내용을 작성하여 시마네현에 내려보내겠다는 기록이 있다.

　독도에 관한 자료를 간단하게 정리했네요. 인터넷에서 자료를 찾았을 텐데요. 조금 성의 없어 보이는 답지이긴 합니다. 독도가 우리 영토라는 진정성이 잘 느껴지지 않네요. 진심을 담아서 자신의 생각을 펼쳐야 글에서 진정성이 느껴집니다. 답지를 위한 답에는 진심이 느껴지지 않지요. 글에도 성의라는 게 느껴지거든요. 진심을 담아서 자신을 주장을 담아 써 보세요. 여러분의 간절함이 느껴지도록 말이에요.

　다음 문제는 관용 표현을 이용해서 자신의 생각을 써 보는 문제입니다. 관용 표현의 뜻을 정확히 알고 적절할 때에 생활에 활용하는 것을 목표로 하고 있네요.

(국어)과 수행평가 기준안

영 역 명	문법			
성취 기준	관용 표현을 이해하고 적절하게 활용한다.			
평가 내용	관용 표현을 적절하게 활용해 자신의 생각을 효과적으로 표현하기			
단 원 명	2. 관용 표현을 활용해요	평가 환경	대면	v
평가 방법	지필평가, 단원평가		zoom	
평가 기준	매우 잘함	여러 가지 관용 표현의 뜻을 알고 관용 표현을 효과적으로 활용함.		
	잘함	관용 표현의 뜻을 알고 관용 표현을 비교적 효과적으로 활용함.		
	보통	여러 가지 관용 표현의 뜻을 알지 못하고 관용 표현을 활용하지 못함.		
예시 답안	1. (1)-(ㄱ), (2)-(ㄴ), (3)-(ㄷ), (4)-(ㄹ) 2. (1) 쇠뿔도 단김에 빼라 (2) (예) 쇠뿔도 단김에 빼라는 말처럼 기왕 여기까지 온 김에 가볼 수 있는 여행지는 다 보고 가는 게 어때?			

(국어)과 수행평가지

학년   반   번 이름(   )

단원명	3. 여러 가지 기체	평가일	년 월 일
활동 과제			

1. 다음 관용 표현과 뜻을 알맞게 연결해 봅시다.

(1) 손이 크다 ●━━━━━● (ㄱ) 양을 많이 준비하다.

(2) 김이 식다 ●━━━━━● (ㄴ) 재미나 의욕이 없어지다.

(3) 천하를 얻은 듯 ●━━━━━● (ㄷ) 매우 기쁘고 만족스러워하다.

(4) 손꼽아 기다리다 ●━━━━━● (ㄹ) 기대에 차 있거나 안타까운 마음으로 날짜를 꼽으며 기다리다.

2. 다음 뜻을 가진 관용 표현을 쓰고 그 관용 표현이 들어가는 짧은 글을 지어 봅시다.

어떤 일이든지 하려고 생각했으면 한창 열이 올랐을 때 망설이지 말고 곧 행동으로 옮겨야 한다.

(1) 관용 표현: 쇠뿔도 단김에 빼라.

(2) 짧은 글: 숙제를 미루지 말고 쇠뿔도 단김에 빼라.

위 학생의 답변을 보면 관용 표현의 뜻은 정확히 알고 있네요. 그런데 글이 정말 짧네요. 관용 표현만 그대로 썼다고 해도 과언이 아닐 정도예요. 이렇게 써서는 생활 속에서 관용 표현을 제대로 활용했다고 평가하기가 어려워요.

관용 표현을 쓸 수 있는 상황을 만들어서 적절하게 썼으면 좋았겠어요. 조금 더 상황을 고민하고서 활용했으면 하는 아쉬움이 있네요.

여러분이 수행평가 답안을 작성할 때도 마찬가지예요. 성의 있게 할 수 있는 다양한 상황을 생각해서 작성하도록 노력해 보세요. 답안의 내용이 훨씬 풍부해질 거예요.

1) 허락을 구하는 말하기 (경기초 5-1)

단원명	6. Can I Take a Picture?	
평가 내용	허락을 구하는 말하기	
성취 기준	일상생활 속의 친숙한 주제에 관해 간단히 묻거나 답할 수 있다.	
유의점	● 일상생활 속의 친숙한 주제에 관해 적절한 낱말과 정확한 언어 형식을 사용하여 간단히 묻거나 답할 수 있는지 평가한다. ● 주어진 상황 카드를 교사가 직접 선택하거나 학생이 무작위로 선택하여 해당 상황을 말로 표현할 수 있는지 평가한다. ● 주어진 그림, 실물, 동작에 관해 말로 표현하기 어려운 상황이면 해당 표현에 관련된 낱말을 제시한 후 말로 표현할 수 있는지 확인한다.	
평가 기준	매우 잘함	허락을 구하는 주제에 관해 적절한 낱말과 정확한 언어 형식을 사용하여 간단히 묻거나 답할 수 있다.
	잘함	허락을 구하는 주제에 관해 적절한 낱말을 사용하여 간단히 묻거나 답할 수 있다.
	보통	허락을 구하는 주제에 관해 주어진 낱말을 참고하여 일부 내용을 묻거나 답할 수 있다.
	노력 요함	허락을 구하는 주제에 관해 주어진 낱말을 참고하여 일부 낱말을 말할 수 있다.

영어 수행평가

허락을 구하는 말하기

활동 과제

1. 허락을 구하는 문장을 작성해 보세요.

①	펜 좀 빌릴 수 있을까요?

①	쿠키를 먹어도 되나요?

①	사진을 찍어도 될까요?

①	그림을 만져도 될까요?

꿀샘의 꿀팁

　허락을 구하는 주제에 관해 적절한 낱말과 정확한 언어 형식을 사용하여 간단히 묻거나 답하는 문제예요. 주어진 상황 카드를 무작위로 선택해서 해당하는 상황을 표현하는 건데 순발력이 필요한 평가 과제입니다. 당황하지 않고 답변을 하려면 해당되는 예시 표현을 완벽하게 알고 있어야 해요. 그래야 어떤 단어 카드나 표현이 나와도 정확하게 표현할 수 있답니다. 하나를 익히더라도 확실하게 아는 것을 목표로 삼으세요. 그 시간에 배운 것은 어떤 상황에서도 활용할 수 있도록 말이에요. 허락을 구하는 주제에 관해 적절한 낱말과 정확한 언어 형식을 사용해서 활용하도록 열심히 익혀 보세요. 답변을 술술 작성할 수 있을 거예요.

2) 고려 시대 과학 기술과 문화의 우수성 (계성초 5-2)

영역		지식
평가 단원 및 학습 목표	단원	1) 옛사람들의 삶과 문화 2) 독창적 문화를 발전시킨 고려
	성취 기준	고려청자와 금속활자, 팔만대장경 등의 문화유산을 통하여 고려 시대 과학 기술과 문화의 우수성을 탐색한다.
평가 척도 및 성취 수준	평가척도	성취 수준
	잘함	다양한 문화재를 통하여 고려 문화의 우수성을 알고, 이를 알리는 홍보 책자를 만들 수 있다.
	보통	다양한 문화재를 통하여 고려 문화의 우수성을 알고 있으나, 이를 알리 는 홍보 책자를 만드는 것이 다소 미흡하다.
	노력 요함	고려 문화의 우수성에 대해 알지 못하고, 이를 알리는 홍보 책자를 만들지 못한다.
평가 유형		논술형
핵심 역량 (교과 역량)		문제 해결력 및 의사 결정력

사회 수행평가

고려 시대 과학 기술과 문화의 우수성

활동 과제

1. 고려 시대 문화유산을 조사해서 적어 보세요.

고려 시대 문화유산	우수한 점
고려청자	
나전칠기	
해인사 대장경판	
금속활자	

2. 조사한 내용과 자료를 가지고 고려 문화의 우수성을 알리는 홍보 책자를 만들어 보세요.

홍보 책자 목차	
홍보 책차 구성	
나만의 홍보 책자의 차별점	

<경복초 실제 수행평가 문제 변형>

　다양한 문화재를 조사하면서 우수한 점을 정리하고 나서 그 점을 홍보할 수 있는 책자를 만들어 보는 숙제입니다. 홍보 책자를 만드는 데 있어서 구성을 어떻게 할 것인지를 정해야 합니다. 어떤 내용들을 담을지 생각해 보세요. 고려 문화재의 우수한 점을 세 가지 정도로 나눠서 홍보해 보면 어떨까요? 커다란 줄기를 나눈 다음 그에 맞게 문화유산들을 나누는 거죠.

　잘 모르겠으면 내가 이제까지 봐왔던 홍보 책자들을 참고해서 만들어 보세요. 다만 나만의 특이점이 있었으면 좋겠어요. 이 책자가 다른 책자와 구별될 수 있는 특징 말이에요. 사진을 많이 담아서 시각적인 효과를 높인다거나 관련 사이트 링크를 전부 QR코드화해서 핸드폰으로도 쉽게 볼 수 있게 하는 것처럼요. 기존의 홍보 책자와는 다른 점을 만들어서 기획해 보세요. 특색 있고 창의적인 결과물을 만들 수 있을 거예요.

3-1) 비유하는 표현 살려 시 쓰기 (중대부초 6-1)

성취 기준	비유하는 표현의 특성과 효과를 살려 생각과 느낌을 다양하게 표현한다.
관련 단원	1. 비유하는 표현
영역	문학
평가 내용	비유하는 표현을 생각하며 시 읽고, 비유하는 표현을 살려 시 쓰기
방법	논술형
배점	매우 잘함, 잘함, 보통, 노력 요함

3-2) 비유하는 표현 (화랑초 6-1)

영역		문학
단원		1. 비유하는 표현
성취 기준		비유하는 표현의 특성과 효과를 살려 생각과 느낌을 다양하게 표현한다.
성취 수준	잘함	비유하는 표현을 살려 생각을 다양하게 표현한다.
	보통	비유하는 표현을 살려 생각을 표현한다.
	노력 요함	비유하는 표현을 살려 생각을 부분적으로 표현한다.
평가 방법		논술형
핵심 역량		문화 향유

국어 수행평가

비유하는 표현 살려 시 쓰기

활동 과제

1. 자신이 시로 쓰고 싶은 대상과 비유할 대상을 써 보세요.

시로 쓰고 싶은 대상	

비유할 대상	공통점 (시로 쓰고 싶은 대상&비유할 대상)

2. 위에서 정한 내용을 바탕으로 비유적 표현이 드러나게 시를 써 보세요.

<경기초 실제 수행평가 문제 변형>

꿀샘의 꿀팁

창의성을 가장 잘 드러내는 문학 분야가 시입니다. 시에서는 어떤 비유도 가능하니까 마치 내가 신이 된 것처럼 무엇과 무엇을 연결 지을 수 있답니다. 내가 풀잎이 되어서 비를 보는 관점을 시로 쓴다고 생각해 봐요. 빗방울 하나가 마치 대형 욕조의 놀이기구처럼 느껴질 수 있을 거예요. 혹은 굉장히 부드러운 샤베트처럼 다가올 수도 있지요. '너는 샤베트'라고 빗방울을 비유했다고 쳐요. 그것에 대해서 누가 반박할 사람이 있나요? 그 비유는 전혀 맞지 않다고 할 사람은 없어요. 무엇이든 내가 비유하고 만들어 갈 수 있는 거예요. 내 재미있는 상상들을 비유를 활용해서 시로 만들어 보세요. 어떤 표현이든 망설이지 마세요. 시에서는 허용되니까요. 내 생각을 마음껏 펼쳐 보세요. 창의적이고 톡톡 튀는 재미있는 표현들을 써 내려갈 수 있을 거예요.

4) 두 대상을 비교하는 문장 알기 (경기초 6-1)

단원명	10. Emily Is Faster than Yuna	
평가 내용	두 대상을 비교하는 문장을 읽고 의미 이해하기	
성취 기준	일상생활 속의 친숙한 주제에 관한 쉽고 짧은 글을 읽고 세부 정보를 파악할 수 있다.	
유의점	● 두 대상을 비교하는 문장을 읽고 그 의미를 이해할 수 있는지 평가한다. ● 문항의 내용은 교사가 읽어 주는 것이 아니라 학생 스스로가 읽고 그 의미를 파악하여 답할 수 있도록 진행한다. ● 그림의 그 의미를 잘 이해하지 못하는 학생이 있으면 그림의 그 의미를 설명해 주도록 한다.	
성취 수준	매우 잘함	두 대상을 비교하는 여러 가지 문장을 읽고 그 의미를 정확하게 이해할 수 있다.
	잘함	두 대상을 비교하는 여러 가지 문장을 읽고 그 의미를 대부분 이해할 수 있다.
	보통	두 대상을 비교하는 여러 가지 문장을 읽고 그 의미를 대체로 이해할 수 있다.
	노력 요함	시각 자료 등의 도움을 받아 두 대상을 비교하는 문장의 의미 중에서 일부를 이해할 수 있다.

비교하는 문장 의미 알기

활동 과제

1. 다음 문장을 읽고 그림의 빈칸에 맞는 이름을 쓰세요.

- Junho is taller than Sujin.
- C is bigger than D.
- Mingi is faster than Hoyung.
- B is longer than A.

(   ) (   )   (   ) (   )

(   ) (   )   (   ) (   )

<경기초 실제 수행평가 문제 변형>

일상생활 속의 친숙한 주제에 관한 쉽고 짧은 글을 읽고 세부 정보를 파악하는 문제입니다. 두 가지 대상을 비교하는 문장을 스스로 읽고 답하는 건데요. 영어로 된 문장을 읽고 해당하는 답을 찾아 적습니다. 각 단어의 뜻을 알고 비교해서 맞는 답을 찾아요. 시각 자료인 그림에서 어떤 사람이 더 키가 큰지 생각한 다음 영어 뜻에 맞게 단어를 찾지요. 자리를 찾아서 준호와 수진의 이름을 빈칸에 적어 넣는 거죠. 여러 가지 복합적인 해석 능력이 결합되어 답을 찾아야 합니다. 경기초등학교에서 실제로 수행평가 문제로 제시된 문제입니다. 한글 문해력과 영어 해석력이 함께 연결되어 해결해야 하는 문제죠. 결국 한글로 해석을 잘할 수 있어야 영어도 잘할 수 있다는 뜻입니다. 국어는 모든 과목을 수행하는 데 기초 과목입니다. 국어 실력, 그중에서도 글을 읽고 쓰고 활용할 수 있는 문해력이 중요한 이유입니다.

5) 우리나라 경제 성장에서 나타낸 문제와 해결책

단원명	2. 우리나라의 경제 발전	평가 시기	7월 2주
평가 내용	광복 이후 경제 성장 과정에서 우리 사회가 겪은 사회 변동의 특징과 다양한 문제		
성취 기준	광복 이후 경제 성장 과정에서 우리 사회가 겪은 사회 변동의 특징과 다양한 문제를 살펴보고, 더 나은 사회를 만들기 위하여 해결해야 할 과제를 탐구한다.		
유의점	• 경제 성장 과정에서 나타나는 여러 사회 문제의 의미와 내용을 설명하고, 그에 대한 해결 방법을 제시할 수 있는지 평가한다. • 일반적인 내용보다는 사례 제시와 같이 구체적인 내용으로 서술하도록 안내한다. • 관련 항목에 대한 문제점과 관련된 해결 방안을 바르게 제시하였는지를 확인하도록 한다.		
성취 수준	매우 잘함	경제 성장 과정에서 나타나는 여러 사회 문제의 의미와 내용을 바르게 설명하고, 그에 대한 구체적인 해결 방법을 합당한 근거를 들어 제시할 수 있다.	
	잘함	경제 성장 과정에서 나타나는 여러 사회 문제를 나열하고, 이에 대한 해결 방향을 제시할 수 있다.	
	보통	경제 성장 과정에서 나타나는 여러 사회 문제를 나열할 수 있다.	
	노력 요함	경제 성장 과정에서 나타나는 몇 가지 문제를 나열할 수 있다.	

사회 수행평가

우리나라의 경제 발전

활동 과제

1. 경제 성장 과정에서 나타난 문제점과 그 해결 방안을 설명해 보세요.

구분	문제점	해결 방안
빈부격차		
자원부족		
노사갈등		
환경문제		

꿀샘의 꿀팁

광복 이후 경제 성장 과정에서 우리 사회가 겪은 사회 변동의 특징과 다양한 문제를 살펴 보고, 더 나은 사회를 만들기 위하여 해결해야 할 과제를 찾아보는 문제네요. 경제 성장 과정 에서 나타난 여러 사회 문제가 무엇인지 그 문제점을 나열하고 그에 대한 나만의 해결책을 제시해 보세요. 유의점에도 나와 있듯이 일반적인 내용의 해결책보다는 사례 제시를 통해서 구체적으로 알 수 있도록 작성하는 것이 좋아요. 사례를 통해서 설명하면 어떤 문제가 있었고 어떻게 해결하면 좋은지가 명확히 드러나니까요. 글을 쓰면서도 사례를 활용하는 것이 도움이 될 거예요.

막연하고 어려운 이야기를 하겠다는 욕심은 버리세요. 아인슈타인처럼 독창적이고 누구도 따라 올 수 없는 창의성을 발휘해야겠다는 부담감도 버리구요. 나만의 해결 방법이라고 했잖아요. 내가 알고 있고 생각할 수 있는 범위 내에서 작성하면 됩니다. 그 생각을 키우기 위해서 책을 많이 읽어 둔다면 그건 말리지 않을게요. 내 배경지식을 늘리는 것은 아주 좋은 창의성의 기반이니까요. 책에서 읽거나 경험한 것을 통해서 얼마든지 생각을 확장해 보세요. 나만이 할 수 있는 생각을 찾아 써보며 자부심을 느껴 보길 바라요.

6) 계절에 따라 보이는 별자리가 달라지는 까닭 (경기초 6-1)

단원명	2. 지구와 달의 운동		평가 시기	4월 3주
평가 내용	계절에 따라 보이는 별자리가 달라지는 까닭 알아보기			
성취 기준	계절에 따라 별자리가 달라진다는 것을 지구의 공전으로 설명할 수 있다.			
유의점	● 실제로 계절별로 별자리를 관찰하기는 어렵기 때문에 평가지에 제시된 그림을 보고 계절별로 볼 수 있는 별자리를 찾는 과정을 평가하도록 한다. ● 2번 문항에는 '지구가 태양의 주위를 공전하기 때문이다'는 내용이 들어가야 정답으로 인정한다.			
성취 수준	매우 잘함	계절별로 볼 수 있는 별자리를 찾을 수 있으며, 계절에 따라 별자리가 달라지는 것을 지구의 공전과 관련지어 설명할 수 있다.		
	잘함	계절별로 볼 수 있는 별자리를 찾을 수 있지만, 계절에 따라 별자리가 달라지는 사실만을 말할 수 있다.		
	보통	계절별로 볼 수 있는 별자리를 찾는 데 어려움이 있으며, 계절에 따라 별자리가 달라지는 사실만을 말할 수 있다.		
	노력 요함	계절에 따라 별자리가 달라지는 사실을 이해하지 못하며, 계절별로 볼 수 있는 별자리를 찾는 데 어려움이 있다.		

과학 수행평가

계절에 따라 별자리가 달라지는 까닭 알아보기

활동 과제

1. 다음 그림을 보고 계절에 볼 수 있는 별자리를 찾아보세요.

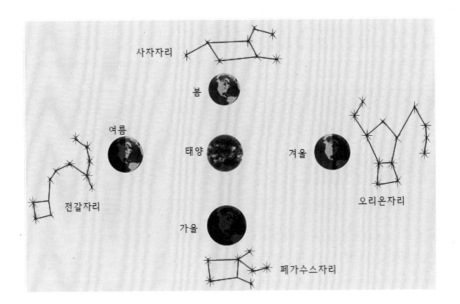

▶ 봄에 볼 수 있는 별자리: _____

▶ 여름에 볼 수 있는 별자리: _____

▶ 가을에 볼 수 있는 별자리: _____

▶ 겨울에 볼 수 있는 별자리: _____

2. 계절에 따라 보이는 별자리가 달라지는 까닭을 설명해 보세요.

<경기초 실제 수행평가 문제 참고>

계절별로 볼 수 있는 별자리를 적어 보세요. 그 별자리들의 움직임의 원인은 공전 때문이지요. 공전이라는 정답을 제시하고 어떻게 공전이 별자리에 영향을 주는지를 찾아가는 과정을 보는 수행평가입니다. 내가 가지고 있는 지식, 서술할 수 있는 정답이 답을 적기 위한 것만이 되어서는 안 된다는 것을 보여 주네요. 과정이 중요함을 알려 주는 수행평가 문제예요.

수행평가에서 답을 맞느냐 맞지 않느냐도 중요하지만 그 답을 찾아가는 과정에서 어떻게 논리적으로 지식과 자료들을 연결하는지가 정말 중요해요. 과정을 위해서도 공을 쏟아야 한다는 거죠. 그 태도를 보여 주는 것이 수행평가랍니다. 그러니 과정 속에서 매순간 성실한 모습과 열심히 하는 노력을 보여 주면 결과도 좋게 반영될 거라 믿습니다.

7) 학년 묻고 답하기 (경기초 6-1)

단원명	1. What Grade Are You In?	
평가 내용	학년 묻기에 답하기	
성취 기준	일상생활 속의 친숙한 주제에 관해 간단히 묻거나 답할 수 있다.	
유의점	• 학년을 묻고 답하는 말을 할 수 있는지 평가한다. • 주어진 상황에 적합한 표현을 상대방이 알아듣기에 적합한 목소리와 발음으로 말하는지 확인한다.	
성취 수준	매우 잘함	능숙한 발음과 정확한 언어 형식을 사용하여 학년을 묻고 답하는 여러 가지 표현을 실제 대화 상황에서 능숙하게 구사할 수 있다.
	잘함	학년을 묻고 답하는 여러 가지 표현을 실제 대화 상황에서 대부분 구사할 수 있다.
	보통	실제 대화 상황에서 예시 자료를 보고 학년을 묻고 답하는 표현의 일부를 따라 말할 수 있다.
	노력 요함	학년을 묻고 답하는 표현을 실제 대화 상황에서 말하는 데 어려움을 보인다.

학년 묻고 답하기

활동 과제

1. 학년을 답하는 문장을 완성해 보세요.

first grade	second grade	third grade	fourth grade	fifth grade	sixth grade
1학년	2학년	3학년	4학년	5학년	6학년

① 나는 5학년입니다.

(   )

② 내 동생은 3학년입니다.

(   )

③ 우리 언니(누나)는 6학년입니다.

(   )

④ 내 사촌동생은 4학년입니다.

(   )

⑤ 내 친구는 2학년입니다.

(   )

꿀샘의 꿀팁

　　영어 숫자 세기를 통해서 학년 묻기에 대답하는 문제입니다. 간단한 문장 쓰기에 이어서 말하기까지 연결하는 수행평가예요. 영어에서는 문장을 완성하고 그 문장을 말하는 수행평가가 종종 이루어집니다. 평가 기준에서 보듯이 능숙한 발음과 정확한 언어 형식으로 대화를 능숙하게 구사할 수 있어야 하는데 능숙한 발음은 말하기의 기술이라고 쳐요. 정확한 언어 형식이란 무엇을 말하는 걸까요? 정확하게 쓸 줄 알아야 말하기까지 이어진다는 의미입니다. 영어 유창성 대회에서도 기본은 영어 쓰기입니다. 영어를 잘하기 위해서는 정확한 문장을 쓸 줄 아는 것이 기본이지요. 정확한 문장을 쓰고 난 후에 발음을 살려서 능숙하게 말하기도 가능하다는 겁니다. 모든 기본이 쓰기라는 것을 이제 알겠지요? 이 책이 여러분에게 꼭 필요한 이유입니다. 말을 잘하려면 기본적으로 원고가 좋아야 하잖아요. 쓰기는 모든 활동의 기본이지만 쉽지 않습니다. 이 책을 통해서 연습하고 또 연습하세요.

수행평가 전략 10

미디어 읽기로 쓸거리를 늘려라.

미디어의 천국이라고 해도 될 것 같아요. 정말 많은 미디어가 여러분을 유혹하지요. 한번 맛을 들이면 거기서 빠져나오기도 힘들고요. 부모님들은 미디어를 멀리하라고 하시지만 여러분은 미디어와 함께 자라났잖아요. 어릴 때부터 가까이에서 여러분에게 모든 정보를 주었던 미디어를 쉽게 포기하기 어려울 겁니다. 그렇다면 미디어를 잘 활용해서 글쓰기를 해보면 어떨까요? 우리 생활에 이미 깊숙이 들어왔고 멀어질 수 없는 관계라면 미디어를 잘 활용해서 공부에 도움이 되도록 해요. 유익하게 잘 활용하면 이보다 좋은 정보를 제공하는 통로도 없으니까요. 어떻게 하면 안전하고 다양하게 미디어를 활용할 수 있을지 지금부터 살펴보도록 하겠습니다.

첫 번째 문제는 매체를 활용하면서 겪었던 일을 써 보는 겁니다. 각종 미디어를 사용하면서 있었던 일들을 선정해서 글을 쓰는 과제인데요. 이런 일들은 누구나 겪어봤을 거예요. 예시 답안의 친구는 어떤 경험을 적었는지 살펴볼까요.

(5)학년 (2)학기 (국어)과 수행평가 기준안

영 역 명	쓰기			
성취 기준	목적이나 주제에 따라 알맞은 내용과 매체를 선정하여 글을 쓴다.			
평가 내용	매체를 활용해 겪은 일이 드러나는 글쓰기	평가 시기		10월 2주
단 원 명	4. 겪은 일을 써요	평가 환경	대면	v
평가 방법	서술평가, 수행평가		zoom	
평가 기준	매우 잘함	매체를 활용할 때 주의할 점을 알고 매체를 활용해 겪은 일이 잘 드러나게 글을 쓸 수 있다.		
	잘함	매체를 활용할 때 주의할 점을 알고 매체를 활용해 겪은 일이 드러나게 글을 쓸 수 있다.		
	보통	매체를 활용할 때 주의할 점을 알지만 매체를 활용해 겪은 일이 잘 드러나게 글을 쓸 수 없다.		

예시 답안	번호	이름	매체를 통해 겪은 일이 드러나는 글쓰기 계획 세우기	매체를 통해 겪은 일이 드러나는 글쓰기
	1			
	2			

(국어)과 수행 평가지

학년   반   번 이름(   )

단원명	4. 겪은 일을 써요.	차시	7~8 / 10	평가일	년 월 일
과제명	매체를 활용해 겪은 일이 드러나는 글 쓰기			평가자	(인)

활동 과제

1. 매체를 활용해 겪은 일이 드러나는 글을 쓸 계획을 세워 봅시다.

목적		게임 광고 보고 무작정 게임 깔지 않기
읽는 사람		친구들
활용할 매체		핸드폰 게임광고
주제		게임 광고를 다 믿지 말자.
글의 처음, 가운데, 끝에 들어갈 내용 정리하기	처음	핸드폰으로 게임을 하고 있었다. 새로운 게임 광고를 봤다.
	가운데	광고를 보고 재미있어 보여서 게임을 깔았다.
	끝	게임이 진짜 재미없었다. 광고에 속지 말아야겠다.

2. 매체를 통해 겪은 일이 드러나는 글을 써 봅시다.

어느 날 핸드폰 게임을 하고 있었다. 그 게임은 광고가 많이 나오는 게임이었다. 똑같은 광고가 계속 나왔다. 그러다가 새로운 게임 광고를 봤다. 그런데 그 게임이 재미있어 보여서 그 게임을 깔았다. 그 게임을 깔았는데 튜토리얼을 해 보니 광고에 나온 게임과 너무 달랐다. 그래도 조금 더 해보면 광고에 나왔던 그 재미있는 게임이 나오겠지 하면서 게임을 계속 플레이했다. 그렇게 한 열 번 정도 더 한 뒤 아직도 광고에 나온 게임이 안 나오자 뒤늦게 광고에 속은 것을 알았다. 플레이 스토어에서 게임 리뷰를 보니 사람들이 이 게임을 플레이하고 너무 재미없다, 광고랑 너무 다르다 등등 여러 가지 재미없다는 리뷰를 보고 바로 게임을 지웠다. 다음부터는 리뷰를 먼저 보고 게임을 깔아야겠다고 생각했다.

공감되지요? 여러분에게도 있었음직한 일이네요. 요즘 핸드폰 게임을 하면서 광고 한번 안 본 친구 없잖아요. 광고의 유혹에 빠져서 광고 속 게임을 따라가 본 적 있었을 거예요. 실제 게임을 해보니 광고 속 게임이 아니라는 느낌도 받았을 거고요. 친구들이 겪어 봤을 것 같은 일인데 느낌을 잘 살려서 생동감 있게 잘 썼어요. 문장도 깔끔하게 쓴 편이구요. 게임 광고에 속아서 당황스러웠던 느낌을 잘 살려 썼어요. 매우 잘함의 평가를 받을 수 있을 것 같아요. 여러분이 같은 반 친구라서 동료 평가를 한다면 이 친구의 답변에 어떤 점수를 줄까요. 생각해 보세요. 여러분의 답안을 작성할 때 이 답변보다 더 나은 답안을 작성해 보세요. 그렇게 하나씩 실력을 늘려나가는 거예요.

두 번째 문제는 작품 속 세계와 현실 세계를 비교하는 문제인데요. 인터넷 댓글 문화에 대한 글을 읽고 나의 댓글 습관에 대해서 체크해 보는 과제입니다. 여러분도 글 속의 주인공처럼 댓글을 달아본 적이 있나요? 댓글을 달지는 않아도 댓글을 본 적은 있을 거예요. 동의가 되는 댓글도 있지만 어떤 댓글은 심하게 인신공격을 하거나 모욕적인 댓글도 있지요. 여러분이 보는 미디어인데도 욕설을 가득 담은 댓글도 본 적 있을 거예요. 어떤 느낌이 들었는지를 적고요. 글 속 세계와 현실이 다른지 같은지 분석한 후 어떤 것이 바른 태도인지 작성하면 됩니다. 우리의 미디어 사용 실체에 대해서 살펴보고 나의 미디어 사용 태도는 어떤지 비교해 볼 수 있겠네요.

(5)학년 (2)학기 (국어)과 수행평가 기준안

경복초 (5)학년 (2)학기

영 역 명	문학			
성취 기준	작품 속 세계와 현실 세계를 비교하며 작품을 감상한다.			
평가 내용	이야기를 읽고 현실 세계와 비교하기	**평가 시기**		10월 4주
단 원 명	5. 여러 가지 매체 자료	**평가 환경**	대면	v
평가 방법	관찰평가, 수행평가		zoom	
평가 기준	매우 잘함	매체 자료의 특성을 생각하며 이야기를 읽고 현실 세계와 비교하여 자신의 삶과 비교할 수 있다.		
	잘함	매체 자료의 특성을 생각하며 이야기를 읽지만 현실 세계와 비교하여 자신의 삶과 비교하는 데 어려움이 있다.		
	보통	매체 자료의 특성을 생각하며 이야기를 읽지 못하고 현실 세계와 비교하여 자신의 삶과 비교하는 데 어려움이 있다.		
예시 답안	1. (예시) 사실이 아닌 정보를 확인하지 않고 사실인 양 잘못된 정보를 퍼뜨려 다른 사람을 곤란하게 하거나, 그 사람을 괴롭히려고 일부러 사실이 아닌 내용을 퍼뜨리는 일이 있습니다. 2. (예시) 적절한 정보를 어디에서 어떻게 찾을지 정확히 아는 자세가 필요합니다. / 다른 사람에게 대화 예의를 갖추는 것이 필요합니다.			

(국어)과 수행 평가지

학년 반 번 이름(   )

단원명	5. 여러 가지 매체 자료	차시	7~8 / 10	평가일	년 월 일
과제명	이야기를 읽고 현실 세계와 비교하기			평가자	(인)

활동 과제

※ 다음 글을 읽고 물음에 답하여 봅시다.

마녀 사냥

사냥꾼: 도대체 누구 말이 진실인가?

빨간 풍선: 민서영이 흑설 공주에게 일방적으로 당한 것 같다. 지금이라도 민서영이 자기 입장을 밝혀 주어 속 시원하다.

은하수: 내가 보기에 흑설 공주가 너무 심하다. 본인이 사실이 아니라는데 왜 그런 거짓 글을 실었을까?

거지 왕자: 어쩌면 우리가 모르는 두 사람만의 갈등이 있는 건 아닐까?

하이디: 흑설 공주의 글을 보면 민서영에 대해서 잘 알고 있는 듯하다. 그러니 어쩌면 흑설 공주의 글이 사실이 아닐까?

기쁜 나무: 아무리 흑설 공주의 글이 사실이라고 해도 인터넷에 남의 사생활을 퍼뜨리는 건 나쁜 짓이다.

삐삐: 그럼 흑설 공주와 민서영, 둘 중 한 사람은 우릴 속이고 있는 거네?

허수아비: 맞다. 흑설 공주가 근거도 없이 얼토당토않은 글을 올리지는 않았을 것이다. 내가 보기에 민서영이 거짓말을 하고 있는 것 같다.

솔로몬: 이 사실을 밝힐 수 있는 명탐정은 누구인가?

아이들의 댓글은 꼬리에 꼬리를 물고 이어졌다. 민주는 숨을 죽인 채 카페에 올라온 글들을 읽고 또 읽었다. 그리고 다음 날 민주는 또다시 자기 눈을 의심하였다. 흑설 공주가 서영이를 공격하는 또 하나의 글이 올라와 있었기 때문이었다. 민주는 덜덜 떨리는 마음으로 흑설 공주가 올린 글을 읽기 시작하였다. 〈중략〉

---

1. 인물의 모습을 현실 세계 속 우리의 모습과 비교해 봅시다.

누가 썼는지 모른다고 악플을 마구 다는 모습이 현재 우리 모습과 같다.

2. 인터넷 매체를 바르게 사용하는 방법에 대하여 써 봅시다.

1. 악플을 달지 않는다.

2. 인터넷에서도 예의를 지킨다.

3. 인터넷의 나이 제한이 있는 사이트에 접속하지 않는다.

이 친구는 악플을 읽어 본 적이 있는 친구네요. 악플의 무서움을 알고 경고하고 있지요. 예의 없는 댓글도 봤고요. 흔히 뉴스에만 접속해도 볼 수 있는 댓글 문화에 대한 이야기를 많이 썼네요. 인터넷에서 나이 제한이 걸려 있는 사이트에 접속하고 싶은 생각이 가끔 들지요. 엄마 아빠 개인정보를 입력하고 들어가 볼까 싶기도 하잖아요. 호기심이 생기는 내용들이 많으니까요. 이 부분에 대해서도 조심해야겠다는 자신의 생각을 적었습니다. 자신이 매체를 사용하면서 느꼈던 점들을 활용해서 간단하고 명료하게 잘 적었어요. 답변이 길지 않지만, 잘 정리되어 있고 바른 태도를 다양하게 적었다는 점에서 매우 잘함을 줄 수 있겠어요. 여러분 생각은 어때요?

마지막 문제는 눈 뜨면 볼 수 있다고 해도 과언이 아닌 광고의 문제점을 찾아보는 문제입니다. 광고의 적절성을 판단할 수 있어야 바른 소비를 할 수 있을 텐데요. 어른들도 광고에 속아서 물건을 구매하고 후회하는 경우가 종종 있어요. 여러분도 그렇겠죠. 광고를 보면 정말 멋지고 꼭 사야할 것 같은 생각이 들잖아요. 그렇지만 광고만 보고 샀다가 낭패하는 경우도 많으니까요. 광고를 보면서 조심해야 할 점을 미리 짚어 보면 좋겠어요. 이런 문제를 풀 때는 비판적인 시각을 가져 보세요. 어떤 부분에서 소비자를 유혹하고 있는지 그게 진실인지 확인할 수 없는 부분이 어딘지를 보겠다는 마음으로 읽어 보세요. 문제를 푸는 데 도움이 될 거예요.

(국어)과 수행평가 기준안

영 역 명	읽기			
성취 기준	글을 읽고 내용의 타당성과 표현의 적절성을 판단한다.			
평가 내용	글을 읽고 글쓴이의 생각 파악하기, 광고에 나타난 표현의 적절성 살펴보기	평가 시기		11월 3주
단 원 명	6. 정보와 표현 판단하기	평가 환경	대면	v
평가 방법	지필평가, 단원평가		zoom	
평가 기준	매우 잘함	광고에서 확인할 수 있는 사실을 이해하고 광고에 나타난 표현의 적절성을 잘 판단함.		
	잘함	광고에서 확인할 수 있는 사실을 이해하고 광고에 나타난 표현의 적절성을 비교적 잘 판단함.		
	보통	광고에서 확인할 수 있는 사실을 이해하지 못하고 광고에 나타난 표현의 적절성을 판단하기 어려워함.		

예시 답안

1. 신바람 자전거
2. (예) 신바람 자전거를 타면 건강해지고 신바람 나는 기분을 느낄 수 있다는 것을 강조하기 위해서이다.
3. (예)

광고 문구	과장하거나 감추는 내용
당신의 일상에 신바람이 일어납니다.	자전거를 탄다고 누구나 신바람이 나는 것은 아니므로 과장된 내용이다.
소비자 만족도 1위	언제, 어떤 조사에서 소비자 만족도가 1위였는지에 대한 정보를 감추고 있다.

(국어)과 수행평가지

학년   반   번 이름(   )

단원명	6. 정보와 표현 판단하기	차시	3-4 / 10	평가일	년 월 일
과제명	광고에 나타난 표현의 적절성 살펴보기			평가자	(인)

활동 과제

※ 다음 광고 문구를 읽고 물음에 답해 봅시다.

　　무료하고, 따분하고, 재미있는 일이 없을 때, 당신의 일상에 신바람이 일어납니다.

　　건강해지려고 아령도 들고 줄넘기도 해 보지만 체력이 여전히 바닥일 때, 당신의 건강에 신바람이 일어납니다.

　　당신의 즐거운 일상과 건강한 체력을 책임져 줄 단 한 가지! 신바람 자전거!

　　독보적인 디자인과 튼튼한 내구성을 인정받아 소비자 만족도 1위를 달성했습니다. 기분 최고, 건강 최고, 기술력 최고! 신바람 자전거가 선사합니다.

1. 무엇을 광고하는지 써 봅시다.

　　신바람 자전거

2. 광고 문구를 긍정적으로 표현한 까닭은 무엇인지 써 봅시다.

　　신바람 자전거를 사게 하려고

3. 광고 문구에서 과장하거나 감추는 내용을 찾아 두 가지 써 봅시다.

광고 문구	과장하거나 감추는 내용
소비자 만족도 1위	이름을 들어볼 적도 없는 브랜드다. 소비자 만족도 1위를 했다는 증거가 없다.
기술력 최고	근거 없어 믿을 수 없음.

이 친구는 신바람 자전거가 어떻게 과대 광고를 하고 있는지 잘 찾아냈어요. 광고 문구 하나하나를 분석하면서 '이게 사실일까? 이걸 믿을 수 있는 근거가 있을까?'라는 의문을 가지고 문제에 접근한 거 같아요. 그래서 광고에서 과장되거나 믿을 수 없는 문구를 찾아냈죠. 비판적인 시각을 가지고 문제에 접근한 좋은 예입니다. 여러분도 비판적인 시각으로 바라보면 충분히 잘 찾아낼 수 있을 거예요.

1) 매체 활용하여 경험쓰기 (대곡초 5-2)

영역		쓰기
단원		4. 겪은 일을 써요
성취 기준		목적이나 주제에 따라 알맞은 내용과 매체를 선정하여 글을 쓴다.
성취 수준	매우 잘함	매체를 활용할 때 주의할 점을 알고 매체를 활용해 겪은 일이 잘 드러나게 글을 쓸 수 있다.
	잘함	매체를 활용할 때 주의할 점을 알고 매체를 활용해 겪은 일이 드러나게 글을 쓸 수 있다.
	보통	매체를 활용할 때 주의할 점을 알지만 매체를 활용해 겪은 일이 잘 드러나게 글을 쓸 수 없다.

242

매체 활용하여 경험 쓰기

활동 과제

1. 매체를 활용해 겪은 일이 드러나는 글을 쓸 계획을 세워 봅시다.

목적	
읽는 사람	
활용할 매체	
주의 사항	
주제	

글의 처음, 가운데, 끝에 들어갈 내용 정리하기	처음	
	가운데	
	끝	

2. 매체를 통해 겪은 일이 드러나는 글을 써 봅시다.

_____

_____

_____

_____

_____

_____

_____

_____

_____

_____

<실제 경복초 수행평가 문제 참고>

여러분이 매체를 통해 겪은 일을 써 볼 차례입니다. 여러분은 어떤 경험을 했었나요? 많은 미디어가 있잖아요. 텔레비전도 있지만 요즘은 핸드폰을 사용해서 접하는 일이 더 많지요. 광고에 혹해서 영상을 보다가 너무 오랜 시간 보게 되었다거나 꼬리에 꼬리를 무는 광고를 따라가다가 경험했던 것들을 적어 보세요.

글의 주제가 잘 드러나게 써야 합니다. 주제는 내가 하고 싶은 말입니다. 이 글을 통해서 독자에게 어떤 메시지를 전달하고 싶은지 확실하게 정하고 쓰세요. '절대 광고에 속지 말라거나 핸드폰 사용 시간을 정해 놓지 않으면 안 된다.'라는 주제를 정하고, 그 주제를 잘 드러낼 수 있게 경험을 써 주면 됩니다. 또한, 매체를 사용할 때 주의 사항도 꼭 넣어 주세요. 평가 기준에 주의할 점에 대한 언급이 있으니까요. 평가 기준에 나와 있는 내용은 되도록 모두 채워 답안을 작성하는 연습을 하는 게 중요하답니다.

2) 역사 신문 만들기 (성동초 5-2)

성취 기준	6.25전쟁의 원인과 과정을 이해하고, 그 피해상과 영향을 탐구한다.	
평가 내용	6·25전쟁에 대해 알 수 있는 역사 신문 만들기	
성취 수준	월등함	6·25전쟁에 대해 알 수 있는 역사 신문을 완성도 있게 만들 수 있음.
	우수함	6·25전쟁에 대해 알 수 있는 역사 신문을 만들 수 있음.
	양호함	6·25전쟁에 대해 알 수 있는 역사 신문을 완성할 수 있음.
	보통임	6·25전쟁에 대한 역사 신문을 완성하는 데 어려움이 있음.

역사 신문 만들기

활동 과제

1. 6·25에 대해 알리고 싶은 내용을 정리해 보세요.

245

2. 6·25에 대해 알리는 역사 신문을 만들어 보세요.

기사 제목: _____

_____
_____
_____
_____
_____
_____
_____
_____
_____
_____
_____
_____
_____
_____
_____
_____
_____
_____

기자

<실제 경복초 수행평가 문제 참고>

이번 문제는 내가 미디어를 만들어 보는 겁니다. 많은 미디어를 보긴 했지만요. 스스로 만들어 본 경험은 거의 없을 거예요. 그동안 보았던 수많은 미디어를 활용해서 멋진 신문을 만들어 봅시다. 신문을 만들기 위해서 필요한 것이 있어요. 바로 신문에 들어갈 내용입니다. 역사 신문이기에 역사적 사건에 대해서 자세하고 정확한 자료가 필요하죠.

신문에 들어갈 내용은 공신력 있는 사이트에서 자료를 모아야 해요. 출처가 분명하고 운영 기관이 정확히 게시되어 있는 자료를 선택하세요. 자료를 모았으면 신문 구성을 짜 봐야겠죠. 기사 제목부터 뽑아야 할 텐데요. 눈길도 가면서 기사의 내용을 궁금하게 할 수 있는 제목을 뽑아 보세요. 여러분이 이제껏 보았던 수많은 기사들의 제목 중에서 마음에 들었던 스타일을 따라 해 봐요.

모든 창작은 모방에서부터 시작하니까요. 신문 내용은 육하원칙에 맞게 내용들을 배치하세요. 정확하고 간략하게 '누가, 어디서, 언제, 어디서, 무엇을, 어떻게, 왜' 했는지를 쓰세요. 정확한 정보만으로도 신문으로서의 가치는 충분하니까요. 정확한 정보를 읽기 쉽게 쓴다는 생각으로 시작해 보세요.

3) 생태계 보전 (홍대부초 5-2)

영역 주제	환경과 생태계	
성취 기준	생태계가 생물 요소와 비생물 요소로 이루어져 있음을 알고, 상호 작용하는 두 요소 간의 관계를 설명하고, 생태계 보전을 위해 우리가 할 수 있는 일을 찾을 수 있다.	
성취 수준	매우 잘함	생태계 구성 요소들이 상호 작용하고, 비생물 환경 요인이 생물에 미치는 영향을 조사하여 환경과 생물 사이의 관계를 설명할 수 있고, 생태계 보전을 위해 우리가 할 수 있는 일을 발표할 수 있다.
	잘함	생태계의 구성 요소를 생물 요소와 비생물 요소로 구분할 수 있고, 빛, 온도, 물과 같은 비생물 환경 요인이 생물에 미치는 영향을 알며, 환경 오염으로 인한 생태계 파괴에 대한 해결 방법을 토의하여 발표할 수 있다.
	보통	생태계 구성 요소를 구분할 수 있고, 비생물 환경 요인에는 빛, 온도, 물 등이 있음을 말할 수 있으며, 환경 오염으로 인한 생태계 파괴 사례를 말할 수 있다.
	노력 바람	생태계 구성 요소를 구분할 수 있고, 환경 오염으로 인한 주변의 생태계 파괴 모습을 찾을 수 있다.
평가 방법	지필평가, 수행평가, (실험관찰)	
관련 단원	2. 생물과 환경	

생태계 보전

활동 과제

1. 생태계 구성 요소들이 상호 작용하는 예를 적어 보세요.

생태계 구성 요소들이 상호 작용하는 사례

2. 비생물 환경 요인이 생물에 미치는 영향을 조사해서 적어 보세요.

비생물 환경 요인이 생물에 미치는 영향

3. 환경과 생물 사이의 관계에 대해 적어 보세요.

환경과 생물 사이의 관계

4. 생태계 보전을 위해 우리가 할 수 있는 일을 적어 보세요.

꿀샘의 꿀팁

환경과 생태계는 요즘 전 세계적으로 주목받고 있는 주제입니다. 결코 쉬운 주제는 아니지만 1번부터 순서대로 풀어가다 보면 4번 생태계 보전을 위해서 우리가 해야 할 일이 무엇인지도 찾을 수 있을 거예요. 생각에는 단계라는 게 있지요. 갑자기 생태계 보전을 위해서 여러분은 무엇을 할 것인지 물으면 답을 내기가 어렵습니다. 하지만 '생태계 구성 요소들이 상호작용하고 있다. 그중에서도 비생물 요인이 생물에 영향을 미친다. 생물과 환경 사이에는 어떤 관계가 있는가'를 생각해 보는 겁니다. 하나씩 단계를 밟아서 생각하다 보면 그 안에서 문제점이 하나씩 드러날 거예요. 문제점이 있다면 해결책도 보일 거고요. 해결하기 위해서 우리가 할 수 있는 일도 찾아볼 수 있겠지요. 문제를 접했을 때 어렵다, 하기 싫다고만 생각하지 마세요. 포기하고 싶은 생각만 생기니까요. 내가 배운 이 과정 안에서 모두 해결할 수 있는 문제라는 자신감을 가지세요. 분명히 풀 수 있는 지혜가 여러분 안에 잠재해 있을 거예요.

4) 주어진 자료를 원그래프로 나타내고 해석하기 (경기초 6-1)

단원명	5. 여러 가지 그래프	평가 시기	6월 5주
평가 내용	주어진 자료를 원그래프로 나타내고 해석하기		
성취 기준	주어진 자료를 띠그래프와 원그래프로 나타낼 수 있다.		
유의점	● 주어진 자료를 해석하여 원그래프로 정확하게 나타내고 여러 가지 사실을 찾을 수 있는지 평가한다. ● 각 항목별 백분율을 정확하게 구하고 각 항목들이 차지하는 백분율만큼 원을 분할했는지 평가에 반영한다.		
성취 수준	매우 잘함	주어진 자료를 해석하여 원그래프로 정확하게 나타내고 여러 가지 사실을 찾을 수 있다.	
	잘함	주어진 자료를 해석하여 원그래프로 나타내고 몇 가지 사실을 찾을 수 있다.	
	보통	주어진 자료를 해석하여 원그래프로 일부만 나타낼 수 있다.	
	노력 바람	주어진 자료를 해석하여 원그래프로 나타내는 데 어려움이 있다.	

수학 수행평가

주어진 자료를 원그래프로 나타내고 해석하기

활동 과제

1. 수행이네 학교 학생들이 여행하고 싶은 나라를 조사한 표입니다. 아래 표의 빈칸을 완성하고 원그래프를 그려 보세요.

여행하고 싶은 나라	영국	인도	중국	일본	기타	계
학생 수(명)	200	100	50	100	50	500
백분율(%)						

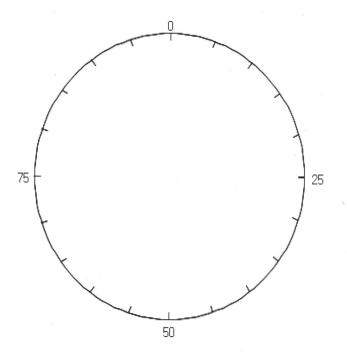

- 조사에 참여한 학생들은 모두 몇 명입니까? ( )
- 가장 많은 학생이 가고 싶어 하는 나라는 어디입니까? ( )

백분율을 계산하고 정확하게 원에 나타내는 문제입니다. 백분율은 전체의 수량을 100으로 해서 계산하는 방법이지요. 전체 학생 수가 500이니까 이를 100으로 보고 가고 싶은 나라의 비율을 계산해 보면 됩니다. 이를 원그래프로 나타낼 때는 비율을 정확하게 계산해서 원을 나누고 표시를 해야지요. 그려진 원그래프는 많이 봤지만 이렇게 실제로 원그래프를 그려 본 적은 많지 않을 텐데요. 수학 시간에 배우면서 어떻게 그렸는지 떠올려 보고 그리는 겁니다.

원그래프를 그릴 때는 주어진 자료의 전체 크기에 비해서 각 나라의 희망 학생이 차지하는 비율을 계산합니다. 인도라면 500명 중에 100명이니까 5분의 1이 되지요. 20%에 해당하겠네요. 각각의 항목을 이렇게 계산했으면 각 항목의 합계가 100%가 나오는지 검토해 보세요. 맞다면 각 항목들이 차지하는 백분율만큼 원을 나눠서 표시하면 됩니다. 나눈 원 위에 각 항목의 명칭을 쓰고요. 백분율의 크기를 씁니다. 마지막으로 원그래프의 제목을 쓰면 마무리가 됩니다. 원안에 표시할 때 자를 이용해서 깔끔하게 쓰세요. 지우개 자국이 남지 않도록 깨끗하게 지우고요. 깔끔하게 쓰인 답지가 좋은 점수를 부른답니다.

5) 속담 활용하기 (화랑초 6-1)

영역	쓰기	
단원명	5. 속담을 활용해요	
성취 기준	관용 표현을 이해하고 적절하게 활용한다.	
성취 수준	잘함	속담을 활용해 자신의 생각을 효과적으로 표현한다.
	보통	속담을 활용해 자신의 생각을 표현한다.
	노력 요함	속담을 활용해 자신의 생각을 부분적으로 표현한다.
평가 방법	논술형	
핵심 역량	의사소통	

국어 수행평가

속담 활용하기

활동 과제

1. 속담을 활용해서 자신의 생각이 드러나도록 글을 써 보세요.

_____

_____

_____

_____

_____

_____

_____

꿀샘의 꿀팁

　어른들은 일상생활에서 많은 속담을 사용해서 말을 합니다. 여러분이 조금만 말을 안 듣고 반항을 하면 "못된 송아지 엉덩이에 뿔난다더니 네가 지금 그 꼴이냐?" 하면서 혀를 끌끌 찰 거예요. 그러다가 여러분이 조금만 마음에 드는 행동을 하면 "하나를 보면 열을 안다더니 너는 사실 참 좋은 녀석이야." 이렇게 말할 거예요. 말도 안 되는 이야기를 연결할 때에도 속담을 자유자재로 잘 가져다 쓰지요. 여러분은 어때요. 부모님이 빗대어 말하는 속담을 들어는 봤어도 실제 써 본 적은 드물 텐데요. 이제 여러분도 마음껏 속담을 활용해서 자신의 생각을 효과적으로 써 볼까요.

　일단 내가 쓰고자 하는 이야기가 있어야 해요. 알고 있는 속담을 먼저 떠올려 보세요. 이야기에 속담을 맞춰도 좋구요. 쉬운 방법으로 하세요. '아니 땐 굴뚝에 연기 나랴'라는 속담을 쓸 만한 경험이 있는지 떠올려 보세요. 혹은 내가 열심히 노력했더니 좋은 결과가 나왔던 경험이 있다면 '쥐구멍에도 볕 들 날 있다더니.'를 중간에 넣어서 글을 쓰면 됩니다. 엄마 아빠가 나에게 빗대어 쓰던 속담을 내가 활용해 보는 거예요. 엄마 아빠 이야기로요. 속담의 재미와 맛을 제대로 느낄 수 있을 거예요.

6) 자유 경쟁 사례 설명하기 (화랑초 6-1)

영역	경제
단원	2-(1) 우리나라 경제 체제의 특징
성취 기준	자유 경쟁과 경제 정의의 조화를 추구하는 우리 경제 체제의 특징을 사례를 들어 설명할 수 있다.
성취 수준	잘함	자유 경쟁과 경제 정의의 조화를 추구하는 우리 경제 체제의 특징을 사례를 들어 구체적으로 설명한다.
	보통	자유 경쟁과 경제 정의의 조화를 추구하는 우리 경제 체제의 특징을 사례를 들어 설명한다.
	노력 요함	자유 경쟁과 경제 정의의 조화를 추구하는 우리 경제 체제의 특징을 제시한다.
평가 방법	서술형 평가
교과 역량	문제 해결력 및 의사 결정 능력, 의사소통 및 협업 능력

사회 수행평가

자유 경쟁 사례 설명하기

활동 과제

1. 자유 경쟁과 경제 정의의 의미에 대해서 적어 보세요.

자유 경쟁	▶
	▶
경제 정의	▶
	▶

2. 위의 모습에서 알 수 있는 우리 경제의 특징과 그러한 특징이 우리 생활에 주는 도움을 설명해 보세요.

우리 경제의 특징	
우리 생활에 주는 도움	

<경기초 실제 수행평가 문제 참고>

꿀샘의 꿀팁

　　자유란 무엇일까요? 남에게 구속을 받거나 무엇에 얽매이지 않고 자기 마음대로 행동하는 일이나 상태를 의미합니다. 근대 시민사회에서 자유란 개인의 자유가 우선시됩니다. 한 사람의 시민으로서의 자유 말입니다. 경쟁이란 같은 목적에 대하여 이기거나 앞서려고 서로 겨루는 것을 의미하죠. 이 뜻에 맞게 우리 생활에서 자유를 느끼거나 경쟁을 경험했던 사례를 적어 보세요. 자유 경쟁이란 강제적인 제약을 받지 않고 각자가 자유롭게 경쟁하는 일을 말합니다. 특히 국가에 의한 제약이나 간섭 없이 각 개인이 이윤을 얻기 위해 서로 경쟁하는 제도를 말하지요. 이에 상충하는 경제 정의란 무엇일까요? 인간의 공동생활을 위한 물적 기초가 되는 재화와 용역을 생산·분배·소비하는 활동과 그것을 통하여 형성되는 사회관계의 총체를 말합니다.

　　이 두 가지 특징을 설명하면서 이것이 우리 생활에 어떻게 도움이 되는지 살펴보는 문제인데요. 정말 수준이 높네요. 그런데 경기초등학교 실제 수행평가 문제입니다. 이제 여러분은 이렇게 어려운 문제에도 답을 할 수 있는 수준이 된 거예요. 모른다, 어렵다만 하지 마세요. 여러분은 충분한 잠재력을 갖고 있어요. 그 잠재력을 글로 발산해 보기 바랍니다.

254

7) 학급 신문 만들기 (대광초 6-1)

단원명	9. 마음을 나누는 글을 써요.
성취 기준	목적이나 주제에 따라 알맞은 내용과 매체를 선정하여 글을 쓴다.
평가 내용	친구들과 나눈 일상 경험을 학급 신문으로 만들 수 있는가?
평가 문항	• 한 학기 동안 인상 깊었던 장면을 떠올리고, 그 장면에서 말하고자 하는 주제를 정한다. • 육하원칙에 따라 글을 쓰고, 이를 학급 신문으로 만들어 제출한다. 단, 형식은 구애받지 않지만 기사의 형식이 드러나야 하며, 자신이 말하고자 하는 바(주제)를 정확히 쓴다.
성취 수준	**매우 잘함** 육하원칙이 드러나게 학급 신문을 만들어, 자신이 말하고자 하는 주제를 우수하게 전달하였다.
	잘함 육하원칙이 드러나게 학급 신문을 만들었으나, 자신이 말하고자 하는 주제가 명확하지 않다.
	보통 육하원칙이 부족하고, 주제가 정확하지 않다.
	노력 요함 육하원칙에 대한 이해가 부족하고 준비가 안 되어 있다.
	미실시 질병 결석이나 무단결석으로 인해 실시하지 못했다.

국어 수행평가

학급 일상 신문으로 만들기

활동 과제

1. 한 학기 동안 학급에서 있었던 일 중 인상 깊었던 일을 적어 보세요.

_____

2. 그 일을 통해서 느낀 점과 말하고 싶은 내용을 정리해 보세요.

_____

_____

2. 그 일을 통해서 느낀 점과 말하고 싶은 내용을 정리해 보세요.

_____

_____

3. 그 사건이 잘 드러나도록 육하원칙에 따라 기사를 작성해 보세요.

기사 제목: _____

꿀샘의 꿀팁

　　한 학기 동안 학급에서 일어났던 일 중에서 인상 깊었던 장면을 학급 신문으로 만들어 볼까요? 그 장면이 어떤 이야기를 해 주고 있는지 알아야겠죠. 그다음 육하원칙에 따라서 자신이 말하고자 하는 바를 드러내면 됩니다. 육하원칙이 드러나도록 쓰면서도 자신의 개성이 드러나게 신문을 작성하려면 어떻게 하면 좋을까요? 구성을 재미있게 만들어 보면 좋을 거예요. 처음에 사건을 한 문장으로 표시해서 제목으로 만들어 보는 거죠. '앗, 세상에 이런 일이' 혹은 '한 교실에 왕이 두 명?' 이런 식으로요. 흥미를 끌 수 있는 제목을 써 보는 거예요. 주제를 나타내면서도 위트 있는 방식의 제목으로요. 한 번에 만들 수는 없을 거고요. 여러 개의 가제목을 뽑아본 후 고르는 방식으로 해 보세요.

　　육하원칙에 따라서 기사문의 기본 뼈대를 만들고 거기에 살을 붙이는 겁니다. 느낀 점과 말하는 점이 드러나도록 말이에요. 사건의 나열만으로는 주제를 나타내기 어려우니까요. 중간에 친구들의 멘트를 인터뷰 형식으로 간단하게 넣어 주면 생생하게 느낌을 전달하는 데 도움이 될 거예요. 여러분이 학교에서 겪었던 재미난 일들이 신문 기사로 멋지게 탄생하길 기대해 볼게요.

초등부터 준비하는 수행평가 글쓰기 10대 전략

수행평가 글쓰기

초판 1쇄 인쇄   2023년 6월 13일
초판 1쇄 발행   2023년 6월 20일

지은이 | 이현주, 이현옥 공저
펴낸이 | 박정태
편집이사 | 이명수   출판기획 | 정하경
편집부 | 김동서, 전상은, 김지희
마케팅 | 박명준   온라인마케팅 | 박용대
경영지원 | 최윤숙, 박두리

펴낸곳   BOOK★STAR
출판등록   2006. 9. 8. 제 313-2006-000198 호
주소   파주시 파주출판문화도시 광인사길 161 광문각 B/D 4F
전화   031)955-8787
팩스   031)955-3730
E-mail   kwangmk7@hanmail.net
홈페이지   www.kwangmoonkag.co.kr

ISBN   979-11-88768-69-1 13370
가격   17,000원